AF827735

Der Ausgleichungsanspruch des Mitbürgen nach dem Recht des Bürgerlichen Gesetzbuchs.

Dogmatische Abhandlung

mit Beiträgen

zur

Lehre vom Bürgenregreß und Gesamtschuldnerausgleich

von

Dr. jur. Franz Tacken
Gerichtsassessor.

Berlin 1907.
J. Guttentag, Verlagsbuchhandlung,
G. m. b. H.

Inhalts-Verzeichnis.

Literatur-Verzeichnis.

Bendix, „Zur Lehre von dem gesetzlichen Übergang der Rechte (cessio legis) im Falle des Vorhandenseins mehrerer Sicherungen." (Kohlers Archiv für bürgerliches Recht Bd. 25 S. 84—93).

Boethke, Besprechung der Kremer'schen Schrift. (Gruchots Beiträge zur Erläuterung des deutschen Rechts Bd. 47 S. 857—860.)

Breit, Dr. James, „Zur Lehre vom Eintritte des Bürgen und Drittverpfänders in die Rechte des befriedigten Gläubers nach dem BGB." (Gruchots Beiträge zur Erläuterung des deutschen Rechts Bd. 48 S. 283 ff.)

Brunner, Heinrich: Grundzüge der deutschen Rechtsgeschichte 2. Aufl. Leipzig 1903.

Bülow, Civilprozessualische Fiktionen und Wahrheiten im Archiv f. d. civilist. Praxis Bd. 62 (S. 1—96).

Cohen, Ludwig: Erörterungen des § 774 I BGB. Greifswalder Dissertation 1904.

Cosack, Conrad: „Lehrbuch des deutschen bürgerlichen Rechts" Bd. I 2. Aufl. Jena 1899.

Crome, Dr Karl: „System des deutschen bürgerlichen Rechts," Bd. II, Tübingen und Leipzig 1902.

10 **Dernburg, Dr. Heinrich**: Pandekten Bd. II, 6. Aufl. Berlin 1900.

Dernburg, Dr. Heinrich: „Das bürgerliche Recht des deutschen Reichs und Preußens. Halle a. S. Bd. II, 1. u. 2. Aufl. 1899. Bd. III. 3. Aufl. 1904.

Dittenberger, Dr. Heinrich: Besprechung der Kremer'schen Schrift. (Juristisches Literaturblatt Bd. 15 von 1903 S. 110/111.)

Eccius, Dr.: „Verbürgung für eine künftige Schuld und Kreditmandat." (Gruchots Beiträge zur Erläuterung des deutschen Rechts. Bd. 46 S. 55—64.

Ehrlich, Dr. Eugen: Das zwingende und nicht zwingende Recht in Fischers „Abhandlungen" II, 4 Jena 1899.

Endemann, Dr. F.: Lehrbuch des bürgerlichen Rechts, Bd. II. 7. Aufl. Berlin 1900.

Enneccerus-Lehmann: Das bürgerliche Recht. II. Aufl. Marburg 1901.

Entscheidungen des Reichsgerichts in Civilsachen. Bd. 28, 52, 63 und Juristische Wochenschrift von 1902, ferner bei Gruchot Bd. 50.

Ebert in Fischer-Henle's Handkommentar zum bürgerlichen Gesetzbuche. 2. Aufl. München 1898 und 7. Aufl. 1906.

Feuerbach, Eduard August: De universali fidejussione, quam Germanice Gesamtbürgschaft vocant. Erlanger Dissertation 1826.

Fischer, Otto: Das Problem der Identität und Neuheit. Breslau 1893.

Fischer, Otto: Besprechung von Siméons „Befristetes Rechtsgeschäft" in der Deutschen Literaturzeitung von 1889 S. 1470 f.

20 **Fischer, Otto**: Lehrbuch des Preußischen Privatrechts Berlin und Leipzig 1886.

Fischer, Otto: Recht und Rechtsschutz in Becker u. Fischers „Beiträgen". 6. Heft. Berlin u. Leipzig 1889.

Fittnig, Dr. Hermann: Die Natur der Korrealobligationen. Erlangen 1859.

Geib, Dr. Otto: Zur Dogmatik des römischen Bürgschaftsrechts. Tübingen 1894.

Girtanner, Dr. Wilhelm: Die Bürgschaft nach gem. Zivilrechte. Jena 1850.

Girtanner, Dr. Wilhelm: Ist das auxilium divisionis unabhängig von gleichzeitiger und gemeinsamer Eingehung der Mitbürgschaft? Im Archiv f. zivilistische Praxis. Bd. 43 (1860) S. 275—299.

Goldmann-Lilienthal: Das bürgerliche Gesetzbuch. Bd. I, 2. Aufl. Berlin 1903.

Hafner, H.: Das schweizerische Obligationenrecht. Zürich 1883.

Hartmann, Dr. Gustav: Die Obligation. Untersuchungen über ihren Zweck und Bau. Erlangen 1875.

30 Hasenbalg, H.: Die Bürgschaft des gemeinen Rechts. Düsseldorf 1870.

Hruza, Dr. Ernst: Korrealobligation und Verwandtes nach der II. Lesung des Entwurfes eines BGB.
(Sächsisches Archiv für bürgerliches Recht und Prozeß. Bd. V. S. 193 ff., 273 ff., 401 ff. Leipzig 1895.)

v. Kirchstetter. Dr. Ludwig, Ritter: Kommentar zum allgemeinen österreichischen bürgerlichen Gesetzbuch. Leipzig, Wien 1882.

Klein, Fritz: Ist der Bürge berechtigt und verpflichtet, sich bei der Zahlung die vom Schuldner bestellten Pfänder herausgeben zu lassen? Rostocker Dissertation 1902.

Klingmüller, Dr. Fritz: Die Lehre von den natürlichen Verbindlichkeiten. Berlin 1905.

Koban, Anton: Der Regreß des Bürgen und Pfandeigentümers nach östreichischem und deutschen Rechte. Graz 1904.

Kremer, Heinrich: Die Mitbürgschaft, mit Beiträgen zur Lehre von der Bürgschaft und Gesamtschuld. Straßburger Dissertation 1902.

Kritz, Lehrbuch des Pandektenrechts. Bd. I. Meißen 1835.

Landsberg, Dr. Ernst: Das Recht des bürgerlichen Gesetzbuchs. Berlin 1904.

Loersch, Dr. Hugo: Code civil. 3. Aufl. Leipzig 1887.

40 Lueg, Wilhelm: Das Eintrittsrecht in die Rechte des befriedigten Gläubigers nach dem BGB. Heidelberger Dissertation 1904.

Marcus, Dr.: Die Bürgschaftsurkunde des BGB. Studie zu § 766 in Perl und Wrescher's Blättern für Rechtspflege im Bezirk des Kammergerichts. 16. Jahrgang 1905, S. 101—103.

Marcus, Dr.: Materielle Grundfragen aus dem Bürgschaftsrechte des BGB. bei Perl u. Wrescher a. a O. 17. Jahrgang 1905, S. 4—6.

Martinius, Dr.: Entsprechende Anwendung des § 774 Abs. II im Falle des § 1225 BGB.
(Deutsche Juristenzeitnng von 1903 S. 543.)

Michelsen, Erich: Der Forderungsübergang kraft Gesetzes. Rostocker Dissertation 1901.

Mommsen, Theodorus: Corpus iuris civilis. Berolini 1889.

Mugdan, Die gesamten Materialien zum bürgerlichen Gesetzbuche. 2. Aufl. Berlin 1903—1904.

Mugdan-Falkmann: Die Rechtsprechung der Oberlandesgerichte auf dem Gebiete des Zivilrechts. Leipzig.

Müller: Über die germanische Bürgschaft mit besonderer Rücksicht auf das jütische Low, in der Zeitschrift für deutsches Recht. Bd. I, S. 321—350.

Neumann, Dr. Hugo: Jahrbuch des deutschen Rechts. Bd. I—V. Berlin.

50 Oertmann, Paul: Das Recht der Schuldverhältnisse. Berlin 1899.

Oßwald, Wilhelm: Der sog. gesetzliche Forderungsübergang nach dem Rechte des BGB. Leipziger Dissertation 1904.

Paulsen, Dr. P. D.: Beitrag zur Lehre von der Bürgschaft aus dem nordischen Rechte, in der Zeitschrift für deutsches Recht. Bd. 4, S. 124—147.

Planck, Dr. G.: Bürgerliches Gesetzbuch nebst Einführungsgesetz. 1. u. 2. Aufl. Berlin 1900, Bd. II.

Platner, Dr. Viktor: Die Bürgschaft. Leipzig 1857.

Rehbein u. Reincke: Allgemeines Landrecht. 5. Aufl. Berlin 1894.

Rehbein, Dr. H.: Das bürgerliche Gesetzbuch mit Erläuterungen. Band II. Berlin 1902.

Roth, Kurt: Das Rückgriffsrecht des Bürgen. Rostocker Dissertation 1903.

Schneider, Dr. Karl: Der Ausgleich unter mehreren für eine Kontokorrentschuld haftenden Bürgen in Holtheims Monatsschrift für Handelsrecht und Bankwesen. 15. Jahrg 1906, S. 1—3.

Schollmeyer, Friedrich: Das Recht der Schuldverhältnisse. 1. Hälfte (Allg. Teil), München 1900.

60 **Schulz, Dr. Fritz:** Rückgriff und Weitergriff in Leonhard's „Studien". 21. Heft. Breslau 1907.

Schuppe, Dr. Wilhelm: Die metaphysisch-naturwissenschaftliche Richtung in der Jurisprudenz in: Gruchots „Beiträgen". Bd. 34, S. 801—841.

Schuppe, Dr. Wilhelm: Rechtswissenschaft und Rechtsphilosophie. Sonderabdruck aus dem Jahrbuch der internationalen Vereinigung für vergleichende Rechtswissenschaft (Berlin, Hermann Bahr).

Schuppe, Dr. Wilhelm: Der Begriff des subjektiven Rechts. Breslau 1887.

Seuffert, J. A. in seinem „Archiv für Entscheidungen der obersten Gerichte in den deutschen Staaten". Bd. 6 S. 58.

Sellner: Zur Auslegung des § 1225 des BGB. („Das Recht." 8. Jahrgang 1904, S. 477.)

Sickel, Dr. Wilhelm: Bestrafung des Vertragsbruchs. Halle 1876.

Sievers, Dr.: Bürgschaft und Aufrechnung. („Das Recht." 7. Jahrgang 1903, S. 249 ff.)

Stammler, Dr. Rudolf: Das Recht der Schuldverhältnisse in seinen allgemeinen Lehren. Berlin 1897.

v. Stempel, Baron Kurt: Wie unterscheiden sich nach dem BGB. Forderungsübertragung und Schuldübernahme hinsichtlich ihres Einflusses auf Forderung, Einwendungen und Nebenrechte? Greifswalder Dissertation 1904.

70 **Stobbe, Otto:** Zur Geschichte des deutschen Vertragsrechts. Leipzig 1885.

Stobbe, Otto: Handbuch des deutschen Privatrechts Bd. III. 3. Aufl. |bearbeitet von H. O. Lehmann. Berlin 1898.

Strohal, Dr.: Zur Lehre vom Eintrittsrechte des Bürgen und Drittverpfänders in die Rechte des befriedigten Gläubigers nach dem BGB. (Deutsche Juristen-Zeitung Bd. 8 von 1903, S. 373 ff.)

Sydow-Busch: Konkursordnung. 8. Aufl. Berlin 1900.

Windscheid, Dr. Bernhard: Lehrbuch des Pandektenrechts. Bd. II. 9. Aufl. bearbeitet von Dr. Theodor Kipp, Frankfurt a. M. 1906.

§ 1.

Einleitung.

Obwohl der moderne Gläubiger im allgemeinen die Mittel realer Sicherheitsleistung — Hypotheken-, Grundschulds- und Pfandrechtbestellungen — der bloß personalen Sicherstellung durch Bürgen vorzieht, so sind doch Bürgschaftsleistungen eine fast täglich vorkommende Erscheinung unseres Rechtslebens, und nicht selten läßt sich ein vorsichtiger Gläubiger für dieselbe Schuld mehrere Personen als Bürgen bestellen, was zur Folge hat, daß ihm jeder dieser sog. Mitbürgen für die ganze Forderung haftet.

Hat nun einer der Mitbürgen die ganze Bürgschaftssumme entrichtet, so erwächst ihm heute nach gesetzlicher Regel des B.G.B. ein sog. Ausgleichungsanspruch gegen jeden der Mitbürgen auf Erstattung eines Teiles der Bürgschaftssumme. Diesem Anspruch, oder vielmehr das diesem Anspruch zugrundeliegende Rechtsverhältnis will diese Abhandlung einer Erörterung unterziehen.

Der Rahmen der Arbeit erscheint damit bereits umschrieben, aber nur ihrem Gegenstande, nicht ihrem ganzen Inhalte nach. Denn das gesteckte Ziel läßt sich nicht erreichen, wenn nicht zuvor das Rechtsverhältnis des zahlenden Bürgen zum Hauptschuldner einer Erörterung unterzogen wird. Dies erklärt sich aus dem innigen Zusammenhange beider Beziehungen und der für beide gegebenen Normen. Für die erstere gilt § 774 II BGB., für letztere aber § 774 I. Beide können nur im Zusammenhange richtig erfaßt und bewertet werden. Es erscheint sonach zweckmäßig, zunächst die Grundbegriffe und die Stellung des Bürgen zum Hauptschuldner zu erörtern und dann erst auf die Hauptfrage einzugehen.

Obwohl das Bürgschaftsrecht des BGB. in manchen Punkten mit der römischen und der gemeinrechtlichen Auffassung übereinstimmt, so ist doch unverkennbar, daß auch die altdeutschen Anschauungen auf seine Gestaltung keineswegs einflußlos gewesen sind. Es lag daher der Gedanke nahe, die einschlägigen Fragen des alten römischen, wie des deutschen Rechts in einer ausführlicheren Darstellung der Erörterung des heutigen Rechts voraufzuschicken. Allein mit Rücksicht auf die ausgezeichneten Werke, die sich der dogmengeschichtlichen Entwickelung der römischen und deutschen Bürgschaftsnormen gewidmet haben, von denen namentlich Girtanner, Hasenbalg, Geib, Stobbe und Platner genannt seien, wurde davon abgesehen. Immerhin aber erschien es nicht nur zweckmäßig, sondern sogar notwendig, an das geschichtlich Gewordene anzuknüpfen, sei es, um zu zeigen, daß das heutige Recht nur einen älteren Rechtsgedanken in sich aufgenommen oder ihn ausgebaut habe, sei es, um auf den Unterschied zwischen ehemaliger und heutiger Auffassung hinzuweisen.

I. Teil.

Vorfragen.

§ 2.

Begriff der Bürgschaft.

I. „Bürgen" heißt einstehen für fremde Verbindlichkeit, also haften für die Verbindlichkeit eines Dritten.

An sich braucht nun niemand für fremde Schuld einstehen. Diese Pflicht besteht vielmehr — abgesehen von den seltenen Fällen der sog. gesetzlichen Bürgschaft in den §§ 571 II und 1251 II — nur dann, wenn sie besonders übernommen ist.[1]) Diese Übernahme erfolgt im Wege des Vertrages, der — abgesehen von der Möglichkeit eines Vertrages zu gunsten dritter — zwischen dem Bürgen und dem Gläubiger abzuschließen ist. Bürgschaftsvertrag ist sonach ein Vertrag, durch den sich jemand gegenüber dem Gläubiger eines Andern verpflichtet, für die Erfüllung der Verbindlichkeit dieses Andern einzustehen. § 765.

Dieser Begriff ist keineswegs neu. Das römische Recht kannte ihn schon in sehr alter Zeit. Denn mindestens die sponsio und fidepromissio waren schon in der ersten Zeit der Republik bekannt, während die fidejussio sich erst im 1. Jahrhundert vor Christus entwickelt zu haben scheint.[2])

Auch das deutsche Recht kennt schon zur Zeit der Volksrechte den Begriff der Bürgschaft. Allerdings ist seine Gestaltung ganz eigenartig, und nur aus der Eigenart der Entwickelung der Uranfänge des deutschen Obligationsrechts erklärlich. Eine Obligation

---

[1]) Eine besondere Übernahme der Bürgenpflicht durch Abschluß eines Bürgschaftsvertrages ist auch dann erforderlich, wenn — etwa infolge letztwilliger Anordnung — eine Verpflichtung, eine Bürgschaft zu übernehmen, besteht.

[2]) Dernburg wenigstens nimmt — m. E. mit Recht — an, daß die fidejussio zur Zeit des Erlasses der lex Furia de sponsu noch nicht bekannt war, da dieses Gesetz sich nicht auf sie bezog. Vrgl. Dernburg Pand. II. S. 207. Ferner Hasenbalg a. a. O. S. 17, Girtanner Bürgschaft S. 91, die die lex Furia in die Zeit des Endes der Republik verlegen.

entsteht anfänglich nur durch Hingabe eines wadium d. h. einer Sache oder einer Person, die eine provisorische Ersatzleistung für die eigentliche Leistung darstellte. Diese Person, der Bürge, wird zum Geisel und tritt in die Schuldknechtschaft des Gläubigers. Der Schuldner hat das Recht, ihn durch Hingabe der Hauptleistung zu befreien, aber auch nur das Recht, nicht die Pflicht. Denn nur der Bürge haftet, nicht er selbst. Seine Leistungspflicht ist nur „Schuld", nicht auch „Haftung".[3]) Allmählich wird aus dem Einlösungsrecht eine Pflicht, und die Hingabe des Bürgen ist nicht mehr provisorische Erfüllung, sondern Mittel zur Sicherung, und der Hauptschuldner wird aus dem Schuldner zum Haftenden, wenngleich noch lange die Anschauung bestand, daß der Bürge, wenn auch nicht mehr der allein Haftende, dann doch der in erster Linie Haftende sei. Erst im Mittelalter weicht diese Auffassung bei dem meisten Rechten der entgegengesetzten, daß nämlich der Bürge gegenüber dem Hauptschuldner regelmäßig nur subsidiär hafte.[4])

Während hiernach das ältere deutsche Recht eine Bürgschaft auch ohne eigentliche Hauptschuld kannte, stand das römische Recht schon in ältester Zeit streng auf den Standpunkte der Akzessorietät der Bürgschaft. So wenigstens bei der fidejussio die seit Justinian die einzige Bürgschaftsform geblieben ist, und an dieser Auffassung, zu der sich in der Folgezeit auch das deutsche Recht bekannte, hat das gemeine Recht stets festgehalten.[5])

---

[3]) Über den Unterschied von Schuld und Haftung vgl. Stobbe, D. Privatrecht Bd. III S. 111, Brunner a. a. O S. 186 ff. 191 ff. Sowie P. Puntschart, Schuldvertrag u. Treugelöbnis 1896 und K. v. Amira, Nordgerman. Obligationenrecht. Über die Entwickelung des Obligationenrechts überhaupt und der Bürgschaft im besonderen Stobbe, D. Privatrecht III § 210 und 238. Stobbe, Vertragsrecht S. 115 ff. Platner a. a. O S. 1 ff. 15 ff. 110 ff. Nach Platner soll die Bürgschaft zuerst in der Form der gesetzlichen Familienbürgschaft aufgetreten sein (S. 4), nämlich als Haftung der Familienglieder für das von einem der ihrigen wegen Totschlags zu entrichtende Wergeld. Es hat dies manches für sich. Die Volksrechte kennen jedenfalls diesen Fall der Bürgschaft. Vgl. Lex Salica 65, Lex Saxonum II, 5, 6. Vgl. auch Schulz a. a. O. S. 12, 14 und Feuerbach a. a. O., insbesondere S. 69 ff.

[4]) Vgl. Lex Burgundionum tit. 19 c. 5. Kulmer Recht III, 17 und dazu Stobbe, Vertragsrecht S. 124—129. Stobbe D. Privatrecht III S. 363—365, Platner a. a. O. S. 86 ff. Allerdings ist die Subsidiarität nicht in allen Rechten in Aufnahme gekommen, insbes. nicht im Jütisch Low. Dort haftete der Bürge primär als Gesamtschuldner des Hauptschuldners. Vgl. darüber Müller a. a. O. I S. 337 ff. Paulsen a. a. O. IV S. 124 ff. Wieder andere Rechte behielten den uralten Standpunkt der Primärhaft des Bürgen bei. Vgl. Belege bei Stobbe, D. Privatrecht S. 363 Anm. 6.

[5]) Vgl. Dernburg Pand. II § 78. Windscheid, Pandekten II § 477. Für das deutsche Recht ist aber zu beachten, daß der Bürge nur für die Hauptschuld als solche, nicht für Verzugszinsen Konventionalstrafen oder Schadensersatz überhaupt für keinerlei Erweiterungen der Hauptschuld einzustehen hatte. Vgl. Stobbe Vertragsrecht S. 123. Stobbe, D. Privatrecht III S. 366. Über die Akzessorietät auch Sickel a. a. O. S. 91.

Auch das BGB. steht auf diesem Standpunkte, und setzt als begrifflich notwendig das Bestehen einer Verbindlichkeit voraus, was aber heute ebenso wenig, wie im gemeinen Rechte ausschließt, daß eine gültige Bürgschaft auch für eine künftige Forderung bestellt werden kann.[6]) Die Bürgschaft erscheint hier als eine suspensiv bedingte.

Die Verbindlichkeit muß natürlich eine gültige sein. Dabei ist zweifelhaft und streitig ob die sog. Naturalobligationen als gültige Verbindlichkeiten in diesem Sinne anzusehen sind, wie es andererseits streitig ist, ob man in den Fällen der sog. Naturalobligationen überhaupt noch von einer Obligation und einer wirklichen „Forderung" des Gläubigers sprechen dürfe.[7])

Ohne zu diesen Grundfragen Stellung zu nehmen, sei hier als für die Zwecke dieser Abhandlung genügend festgestellt, daß jedenfalls eine verjährte Forderung als eine gültige Verbindlichkeit im obigen Sinne anzusehen ist, sodaß für eine solche durchaus eine gültige Bürgschaft bestellt werden kann.[8]) Dies ergibt § 222 II BGB.

Jede Bürgschaft bezieht sich auf eine bestimmte einzelne oder auf eine Summe bestimmter Verbindlichkeiten. Wissenschaft und Praxis sind von altersher gewohnt, diese als „Hauptschuld" zu bezeichnen. Allein zutreffend ist die Bezeichnung nicht, und mit Recht vermeidet das BGB. diesen Ausdruck und spricht in den §§ 766, 767 und 777 II von einer Hauptverbindlichkeit. Terminologisch ist diese — und nur diese — Bezeichnung korrekt. Denn 765 ergibt, daß eine Bürgschaft für jede Verbindlichteit, nicht bloß für schuldrechtliche, eingegangen werden kann. Insbesondere kann eine solche auch für sachenrechtliche Verbindlichkeiten eingegangen werden, sodaß es möglich erscheint, daß ein Vertrag, durch den sich jemand verpflichtet, für die Güte einer Hypothek einzustehen, als regelrechte Bürgschaft aufgefaßt werden muß. Immerhin sind diese Fälle selten, und praktisch ist die Hauptverbindlichkeit fast stets eine Schuldverbindlichkeit. Daher mag im Anschluß an den allgemeinen Sprachgebrauch auch hier der Ausdruck „Hauptschuld" Verwendung finden. Dies erscheint um so mehr als zulässig, als das Gesetz selbst die in

---

[6]) Für das BGB bestimmt dies § 767 II ausdrücklich. Für das gem. R. ergibt es sich aus der l. 6 § 2 D. 46, 1. Die wichtigsten Fälle dieser Art sind die sog. Saldo-Bürgschaften oder Kreditbürgschaften im Bankverkehr.

[7]) Vergl. über diese Frage Windscheid a. a. O. § 287—289. Fischer, Pr. Priv. R. S. 43, sowie Klingmüller a. a. O., insbes. S. 27, 69 ff., 92 ff., 171, 212 ff. Dort auch umfassende Quellennachweise. Hasenbalg a. a O. S. 137, 144 ff. Es ist unmöglich im Rahmen dieser Arbeit zu dieser nicht einfachen Frage eine definitive Stellung zu nehmen. Immerhin glaube ich, im Wesentlichen Klingmüller beirflichten zu müssen.

[8]) Übereinstimmend Marcus Materielle Grundfragen a. a. O. S. 5, Kipp bei Windscheid a. a. O. S. 1089. Dernburg, BGB II. 2 S. 344. Abweichend Örtmann a. a. O. Anm. 3 zu 765, Kremer a. a. O. S. 11.

den §§ 766, 767 I und 777 II gewahrte korrekte Terminologie in mehreren anderen §§, z. B. in 767 II, 768, 770, 771, 772, 773, 774, 775 nicht beobachtet und hier vom „Hauptschuldner" statt korrekt vom „Hauptverpflichteten" spricht.

Der Bürge muß nach 765 für die Erfüllung „der" d. h. der bestimmten Verbindlichkeit, nämlich der Hauptschuld einstehen. Hieraus ergibt sich ohne weiteres für das heutige Recht der gleiche akzessorische Charakter der Bürgschaft, welcher auch ihrem Vorbilde, der römischen fidejussio zu eigen war.[9]) Die Bürgschaft ist also eine Nebenverpflichtung, die in sich unselbständig ist, deren Gültigkeit und Bestand von der Gültigkeit und dem Fortbestande der Hauptschuld abhängig ist. Hierbei ist von Interesse die Frage, ob etwa mit Eintritt der Verjährung der Hauptforderung die Bürgschaft erlischt. Das wird vielfach angenommen und muß von denen angenommen werden, die der Meinung sind, daß für eine verjährte Forderung eine gültige Bürgschaft nicht bestellt werden könne. Allein, richtig ist das nicht. Man kann vielmehr nur sagen, daß zugleich mit der Hauptschuld auch die Bürgschaftsschuld verjähre.[10]) So ist es nach § 768 im Regelfalle. Aber auch nur: „im Regelfalle". Denn es kann unter besonderen Umständen ein anderer Wille der Parteien anzunehmen sein. So z. B. dann, wenn der Bürge auf die Einrede der Verjährung verzichtet hat. Ein solcher Verzicht ist wirksam. So sicherlich dann, wenn er nach Eintritt der Verjährung erklärt wird. Er ist hier aber ausnahmsweise selbst dann für wirksam zu erachten, wenn er von vorn herein erklärt wird.[11]) Denn es ergab sich oben, daß für eine bereits verjährte Forderung doch noch eine gültige Bürgschaft bestellt werden kann. Um wieviel mehr muß dann eine für eine vollgültige Obligation bestellte Bürgschaft auf den Fall ausgedehnt werden können, daß aus ihr eine verjährte Forderung werden möchte.

Die Bürgen-Obligation ist also eine Nebenverpflichtung, mithin eine von der Hauptschuld verschiedene Verpflichtung.[12]) Sie

---

[9]) Dies folgt aus der l. 34 D. 46,1 „Hi, qui accessionis loco promittant . . . .", insbesondere aber aus den leges: 16,29, 47 pr. und 56 pr desselben Titels. Vgl. auch Geib a. a. O. S. 76 ff. Dernburg, Pandekten II S. 212. Hasenbalg a. a. O. S. 92 und die von ihm zitierten Quellenstellen, soweit sie nicht vorstehend schon genannt sind, insbesondere l. 6 Dig. 45,1.

[10]) Ganz korrekt ist der Ausdruck nicht. Denn nicht die Bürgschaftsschuld verjährt, sondern es wird gegen sie nur die Einrede begründet, daß die Hauptschuld verjährt sei.

[11]) Abweichend: Kremer a. a. O. S. 5; Planck a. a. O. Bd. II. Anm. 1c zu § 768; Örtmann a. a. O. Anm. 3 zu § 768. Motive zum BGB. bei Mugdan a. a. O. Bd. II S. 370.

[12]) Sie bildet also mit der Hauptschuld keine Gesamtschuld. Daher ist es zutreffend, wenn das Reichsgericht Bd. 53 S. 403 annimmt, daß die §§ 420 ff. auf die Bürgschaft nur in so weit Anwendung finden, als sie ausdrücklich vom Gesetz übernommen sind. So auch Marcus Materielle Grundfragen a. a. O. S. 4.

bildet keineswegs mit dieser eine Einheit; es liegt also nicht eine einzige Obligation mit mehrfach subjektiver Beziehung vor.[13]) Ihr Zweck ist aber ein Hilfszweck. Ihr Gegenstand ist daher identisch mit dem Gegenstande der Hauptobligation und der Gegenstand beider Obligationen muß sogar identisch sein. Das fordert zwingend die accessorische Natur der Bürgschaft. Aus der Identität der beiden Obligationen[14]) und der Abhängigkeit der Bürgenobligation folgt zwar, daß diese notwendig das Schicksal der Hauptforderung teilt,[15]) nicht aber auch umgekehrt, daß diese das rechtliche Schicksal jener teilen müsse. Dies ist wichtig für den Fall der Auszahlung des Gläubigers durch den Bürgen. Hier erlischt offenbar die Bürgschaftsschuld. Unter Umständen erlischt damit auch die Hauptschuld, z. B. dann, wenn der Bürge unter Verzicht auf sein Regreßrecht gegen den Hauptschuldner zahlte, oder, wenn ein solcher Regreß nach dem zugrunde liegenden Rechtsverhältnisse ausgeschlossen war. Wie aber, wenn das nicht der Fall ist? —

Hier greift für das geltende Recht § 774 I S. 1 ein, welcher bestimmt:

„Soweit der Bürge den Gläubiger befriedigt, geht die Forderung des Gläubigers gegen den Hauptschuldner auf ihn über."

Diese Fassung ist widerspruchsvoll. Denn: Wenn der Bürge den Gläubiger „befriedigt", so tilgt er dessen Forderung. Wenn er diese aber „tilgt", so geht sie unter und kann daher auch nicht mehr auf den Bürgen übergehen und in dessen Person fortleben.

Und dennoch soll sie auf ihn „übergehen". So will es der klare Wortlaut, so will es auch der unverkennbare Sinn des Gesetzes. Es muß also dabei bleiben, daß die Zahlung des Bürgen die Hauptschuld regelmäßig nicht zur Tilgung bringt. Wie ist dann aber die rätselhafte Bestimmung des § 774 I S. 1 zu erklären? —

Schon das römische Recht hatte eine ähnliche Bestimmung[16]) und

---

[13]) Übereinstimmend: Kremer a. a. O. S. 3. Der Begriff der einheitlichen Obligation mit mehrfach subjektiver Beziehung ist überhaupt zu verwerfen Vgl. unten § 4 u. Kremer S. 67 ff.

[14]) Die Identität ist nur eine gegenständliche, nicht eine voll-inhaltliche. Nur Zweck und Ziel, nicht der ganze materielle Gehalt ist identisch. Vgl. auch Hasenbalg a. a. O. S. 89 ff.

[15]) Vgl. jedoch wegen der Verjährung das oben S. 6 Gesagte. Auch ist Cession der Hauptforderung ohne die Bürgschaftsforderung möglich. In diesem Falle erlöschen die letzteren. Dagegen ist umgekehrt eine Cession — und daher auch eine Pfändung — der Bürgschaftsforderungen für sich allein ausgeschlossen. Vgl. ferner die interessante Entscheidung des Reichsgerichts bei Gruchot Bd. 50 S. 919 sowie R.G. 63 S. 143. Ferner die zutreffende Entscheidung des Oberlandesgerichts in Hamburg abgedruckt bei Mugdan-Falkmann Bd. 13 S. 430: wo mit Recht bemerkt wird, daß der Gläubiger, der dem Hauptschuldner die Schuld erließ auch dann den Bürgen nicht mehr in Anspruch nehmen kann, wenn er bloß dem Hauptschuldner, nicht aber den Bürgen befreien wollte.

[16]) Nach dieser hatte jeder Bürge das beneficium cedendarum actionum. l. 36 Dig. 46,1. Vgl. auch l. 76 Dig. 46,3 und l. 27 § 5 Dig. 17,1. Näheres über dieses beneficium siehe unten im § 4.

die römischen Juristen standen daher vor dem gleichen Problem. Sie pflegten sich mit der Fiktion zu helfen, daß der zahlende Bürge dem Gläubiger die Forderung gewissermaßen abkaufe[17]) Ob diese Erklärung nach römischem Rechte haltbar war, mag dahingestellt bleiben. Für das moderne Recht jedenfalls ist die Schwierigkeit auf diesem Wege nicht zu lösen. Ein Kauf oder ein kaufähnlicher Vorgang liegt nicht vor, schon deshalb nicht, weil diesem gesetzlichen Forderungsübergange kaufähnliche Wirkungen in keiner Weise zu eigen sind.[18])

Es handelt sich also darum, auf einem besseren Wege die Erklärung zu versuchen. An solchen Versuchen hat es bisher nicht gefehlt. Sie haben aber nicht zu befriedigenden Ergebnissen geführt, sodaß sich der Versuch, auf anderem Wege die Erklärung zu finden, wohl rechtfertigt. Dabei wird die Voranstellung einer Übersicht über die bisherigen Erklärungsversuche gewiß den Vergleich erleichtern und auf die Erkenntnis fördernd einwirken:

1. Einen glatten Verzicht auf jede Erklärung hat Roth[19]) ausgesprochen. Er meint, § 774 I S. 1 enthalte eine Anomalie, und zwar eine so hochgradige, daß ihre Beseitigung schlechthin unmöglich sei. Der Versuch einer Beseitigung sei aber auch überflüssig, da es genüge, daß das Gesetz es nun einmal so bestimmt habe.

Man wird freilich zugeben müssen, daß die Frage, wie der in Rede stehende Widerspruch zu lösen sei, rein theoretischer Natur ist, daß es sich also um eine praktisch bedeutungslose Konstruktionsfrage handelt. Denn, was das Gesetz meint, ist klar. Der zahlende Bürge soll eben die Forderung ohne weiteres durch den Zahlungsakt erwerben. Allein es dürfte zum mindesten nützlich sein, die Beseitigung der theoretischen Schwierigkeit anzustreben, und das Beispiel von Roth dürfte kaum Nachahmung verdienen.

2. Wenig befriedigend ist auch die Erklärungsweise, die von Stammler und mehreren anderen Schriftstellern[20]) versucht und verteidigt worden ist. Stammler erblickt in der in Rede stehenden Fassung des Gesetzes nur einen kurzen Ausdruck dafür, um „gesetzliche Ersatz-

[17]) So Paulus in der l. 36 Dig. 46, 1 „quodammodo nomen debitoris vendidit". Ebenso Julianus in der l. 17 D. 46,1. Vgl. Stammler a. a. O. S. 202. Dernburg, Pandekten Bd. 2 § 80 S. 220. Hasenbalg, a. a. O. S. 19 ff. 414, 419 ff. auch S. 422 Anm. 19 und die dort zitierte Literatur u. Judikatur.

[18]) Die Gründe, warum die Kauffiktion heute nicht brauchbar ist, sind wiederholt zutreffend erörtert worden, sodaß ich von erneuter Darstellung absehe. Es sei verwiesen auf Oßwald a. a. O. S. 50 ff.; Lueg a. a. O. S. 8 ff. und vor allem auf Stammler a. a. O. S. 202. Gegen die Kauffiktion auch Marcus, Materielle Grundfragen a. a. O. S. 5.

[19]) Roth a. a. O. S. 44.

[20]) Stammler a. a. O. S. 203 (gegen ihn: Crome a. a. O. S. 343 Anm. 11.) Ebenso: Lueg a. a. O. S. 10. Michelsen a. a. O. S. 41. Ähnlich: Dernburg BGB. Bd. II, 1 S. 327 unter IV und Schollmeyer a. a. O. S. 77 Anm. 4 zu § 268. Eine, m. E. zu herbe Kritik findet sich bei Schulz a. a. O. S. 31, zumal man eine eigentliche „Erklärung" des Widerspruchs auch bei Schulz vergeblich sucht.

ansprüche sowohl in ihrem Inhalte, als in ihrer möglichen Durchsetzung mit einem Worte zu kennzeichnen". Diese Ersatzansprüche werden gedacht als Ansprüche von genau gleichem Inhalte, wie die vorher dem Gläubiger gegen den Hauptschuldner zustehenden Rechte, und der Übergang der Forderung wird angesehen als ein Untergang des Rechts in der Person des bisherigen Gläubigers und Neuentstehung eines nach Art und Umfang gleichen Rechts in der Person des Bürgen.

Daß hier ein gesetzlicher Ersatzanspruch gemeint sei, ist richtig. Doch ist damit der Widerspruch noch nicht beseitigt. Der weitere Gedanke aber, daß das Recht des Gläubigers zugrunde gehe und dann in der Person des Bürgen neu zur Entstehung gelange, mag vielleicht nicht schlechthin abzulehnen sein, doch will mir nicht scheinen, daß er dem Sinne des Gesetzes das von einem „Übergange" der Forderung spricht, besonders gerecht werde.

3. Der römischen Auffassung nahe verwandt ist ein Teil der Gedanken, die Kremer[21]) zu einem neuen Erklärungsversuch ausgebaut hat. Er unterscheidet zwei Arten der Erfüllung, eine eigentliche mit voller Tilgungswirkung und eine nur formelle oder äußerliche Erfüllung, die nach Wesen und Rechtswirkungen eher als eine „kaufweise Cession" erscheine. Von dieser Art soll die Zahlung des Bürgen sein.

Wie aber der Kauf selbst, so ist auch der Begriff der „kaufweisen Cession" abzulehnen. Denn der Begriff ist unklar und vermag auch den Widerspruch nicht zu beseitigen. Aber trotzdem bedeutet der Kremersche Versuch gegenüber den bisher erörterten einen erheblichen Fortschritt. Denn der Unterscheidung von verschiedenen Arten der Zahlung liegt ein durchaus richtiger Gedanke zugrunde. Die Zahlungen haben tatsächlich nicht immer gleiche Wirkungen, insbesondere nicht unter allen Umständen eine genau gleiche Tilgungskraft.

4. Wie Kremer, so unterscheidet auch Strohal[22]) zwei Arten der Zahlung, eine sog. Einlösungszahlung, welcher keine volle Tilgungswirkung inne wohne und eine „Zahlung mit Tilgungswirkung". Die Zahlung des Bürgen spricht er als solche Einlösungszahlung an.

Diese Strohalsche Auffassung verdient den Vorzug vor der Kremerschen, da sie den Begriff der kaufweisen Cession vermeidet, durch den Kremer sich zum Nachteil seiner Konstruktion den römischen Juristen nähert.

5. Dem von Kremer und Strohal ausgedrückten Gedanken hat Hartmann[23]) bereis im Jahre 1875 für das gemeine Recht Ausdruck verliehen. Nach ihm hat die Zahlung des Bürgen nur eine teilweise, also beschränkte Tilgungswirkung. Er meint, daß die Obligation hier

---

[21]) Kremer a. a. O. S. 72—76, besonders S. 75.

[22]) a. a. S. 373. Ebenso Sievers a. a. O. S. 251.

[23]) a. a. O. S. 51 ff. Gegen ihn Stammler a. a. O. S. 202 Anm. 2.

und in ähnlichen Fällen „nur relativ und beziehungsweise“ getilgt werde, da diese Zahlung nicht sämtliche Zwecke der Obligation erfülle. Unter den Schriftstellern des heutigen bürgerlichen Rechts haben sich Crome und Oßwald[24]) dieser Auffassung angeschlossen.

Ob man überhaupt eine Relativität der Zahlung in dem Sinne, in welchem diese Schriftsteller von ihr sprechen, anerkennen kann, darf hier übrigens dahingestellt bleiben. Eine solche Relativität hat die Bürgenzahlung nach meiner Meinung nicht. Mir will vielmehr scheinen, daß diese Zahlung eine durchaus absolute d. h. mit voller Tilgungskraft ausgestattete Zahlung sei. Ja, sie hat sogar eine mehr als absolute d. h. eine mehr als normale Tilgungswirkung.

Die Obligation des Bürgen ist ja eine andere, als die des Hauptschuldners. Zahlt nun der Bürge, so tilgt er an sich nur seine eigene Obligation. Diese aber tilgt er ganz, so daß schon aus diesem Grunde von einer Relativität im erwähnten Sinne nicht gesprochen werden kann. Die Zahlung des Bürgen hat allerdings eine eigenartige Wirkung, die nicht einer jeden Zahlung zukommt, eine Wirkung, die über das sonst übliche Maß hinausgeht. Sie tilgt nämlich nicht bloß die eigene Obligation des Bürgen, sondern greift zugleich auch noch in die Hauptobligation ein. Freilich reicht ihre Tilgungskraft nicht so weit, daß sie auch diese Hauptobligation vollends zerstört. Aber sie äußert doch zerstörende, tilgende, aufhebende Wirkungen. Denn kraft Gesetzes ist ihr die Sonderwirkung beigelegt, daß sie die subjektive Seite der Hauptobligation, soweit der Gläubiger in Frage steht, mit beseitigt, so daß dieser zwar „befriedigt“ ist und vom Hauptschuldner nichts mehr zu fordern hat, während im übrigen aber die Hauptforderung ihren Objektivbestand behält, der nunmehr auf den Bürgen übergeht.

Diese Art der theoretischen Erklärung verlangt keineswegs etwas Unmögliches oder Abnormes, wenn sie die Vorstellung erfordert, daß die Zahlung des Bürgen die Hauptobligation objektiv unberührt lasse, während der bisherige Gläubiger aus dem Schuldnexus ausscheide. Denn ein solcher Hergang vollzieht sich ja bei jeder Cession. Auch die vertragsmäßige Cession hat die Wirkung, daß ein neuer Gläubiger an die Stelle des bisherigen tritt. Auch sie löst also die subjektive Beziehung der Obligation zum Gläubiger, ohne ihren Objektivbestand zu berühren. Auch sie bewirkt, daß der bisherige Gläubiger vom Schuldner nichts mehr zu fordern hat, und daß seine Forderung auf den neuen Gläubiger übergeht.

Folgt man der hier vertretenen Auffassung, so tritt eine überraschende Analogie zwischen der vertragsmäßigen Cession und dem im

---

[24]) Crome a. a. O. S. 342 f. u. Anm. 11. Oßwald a. a. O. S. 52—55. Wenn man Oßwald glauben darf, stehen auch Planck und Endemann auf diesem Standpunkte. Daß dem aber so sei, kann ich nach den Oßwald'schen Citaten (Planck II S. 142 Anm. 2 f. Abs. II zu 363, Endemann I S. 872) freilich nicht finden.

§ 774 I S. 1 gedachten Falle der cessio legis zu Tage. Wir haben es also hier in der Tat mit einem wirklichen Forderungsübergang zu tun, und nicht etwa bloß mit der gesetzlichen Fiktion eines solchen. Nur die Forderung des Gläubigers gegen den Bürgen ist durch die Zahlung untergegangen, die gegen den Hauptschuldner dagegen ist übergegangen, gerade als hätte der diese Forderung vertragsmäßig abgetreten. Und so kann man mit demselben Rechte und in demselben Sinne, wie bei der vertragsmäßigen Cession, davon sprechen, daß wirklich ebendieselbe Forderung des Gläubigers jetzt dem Bürgen zustehe.[25])

Nur scheinbar kann man hiergegen einwenden, die Zahlung des Bürgen müsse die Verbindlichkeit des Hauptschuldners notwendig tilgen, da die Rechtstitel für die Verbindlichkeiten beider in einem solchen Verhältnisse zu einander ständen, daß die Erfüllung der einen Verbindlichkeit notwendig Erfüllung der andern sei. So behauptet Schulz.[26]) Allein mir will scheinen, als ob dies eine ganz unbeweisbare Behauptung sei. Jedenfalls spricht § 774 I S. 1 gegen diese Auffassung. Denn sein Wortlaut, der einen ganz vernünftigen Sinn ergibt, verlangt offenbar einen wirklichen Übergang der Forderung auf den Bürgen, also einen Fortbestand der Verbindlichkeit des Hauptschuldners. Andererseits scheint es mir aber auch an logischen Gründen, welche die Behauptung von Schulz stützen könnten, durchaus zu fehlen.[27])

§ 3.

Begriff der Mitbürgschaft.

Unter Mitbürgschaft verstanden Gesetz und Rechtswissenschaft von jeher die Übernahme einer Bürgschaft für ein und dieselbe Schuld durch mehrere Personen. In dieser Begriffsbestimmung stimmt das

---

[25]) Es ist nicht unzweifelhaft, ob man bei der vertragsmäßigen, wie auch der gesetzlichen Cession von einer Identität der Forderung des alten und neuen Gläubigers sprechen kann. Eine Identität im strengen, philosophischen Sinne kann natürlich nicht gegeben sein, weil sich ja die Subjekte der Obligation geändert haben. Daß man aber im Rechtssinne die Identität für vorliegend erachten darf, glaube ich mit Schuppe (Begriff d. subj. R. S. 159) bejahen zu sollen. Principiell ist, wie Fischer (Problem d. Identität und Neuheit) dargetan hat, die Frage nicht zu lösen. Es kann nur von Fall zu Fall aus den positiven gesetzl. Bestimmungen entschieden werden, ob das Gesetz Identität annimmt oder nicht. Vgl. Fischer a. a. O., insbes. S. 21—28.

[26]) Schulz a. a. O. S. 29. Bei Schulz S. 28 finde ich übrigens, daß Staudinger u. Örtmann sich in ähnlichem Sinne ausgesprochen haben, wie meine obigen Ausführungen. Vgl. Schulz S. 28 Anm. 5.

[27]) Über die andere Auslegung, die der verwandten Bestimmung im § 426 II S. 1 zu teil werden muß, vgl. unten § 6.

moderne Recht sowohl mit dem römischen und gemeinen, als auch den alten deutschen Rechten völlig überein.[28])

In dieser Definition bedarf die Festsetzung des Begriffes „ein und dieselbe Schuld" noch einer näheren Erläuterung. Wenn mehrere Personen sich für dieselbe Forderung, und zwar sämtlich in voller Höhe verbürgt haben, so sind sie unter allen Umständen als Mitbürgen anzusehen. Ebenso ist es, wenn von mehreren nur einer in voller Höhe, die übrigen aber nur in Höhe von Teilbeträgen Bürgschaft geleistet haben. Freilich gelten sie dann nur insoweit als Mitbürgen, als sich die Beträge decken. Wenn also A, B, C und D für die 1200 M betragende Forderung des X gegen Y Bürgschaft übernommen haben und zwar A schlechthin, B in Höhe von 700 C von 600 und D in Höhe von 200 M so sind alle vier Mitbürgen in Höhe von 200 M. Dagegen sind A, B und C Mitbürgen in Höhe von 600, A und B von 700 M, während A in Höhe des Restbetrages von 500 M alleiniger Bürge ist.

Ähnlich kann die Rechtslage dann sein, wenn sämtliche Bürgen ihre Verpflichtung auf Teilbeträge der ganzen Forderung beschränkt haben, mögen die Beträge von gleicher oder verschiedener Höhe sein. In diesen Fällen kann die Rechtslage aber auch anders sein.

Wenn der Gläubiger X den A angeht, für die ganze Forderung von 1200 M Bürgschaft zu übernehmen, ihn aber nur zu bewegen vermag, sich für 700 M Teilbetrag zu verbürgen, und wenn dann B sich bereit findet, in Höhe des Restes von 500 M Bürgzu leisten, so wäre es unverständlich und unverständig zugleich, wollte man die Rechtslage dahin auffassen, als seien A und B in Höhe von 500 M Mitbürgen, A in Höhe von weiteren 200 M Alleinbürge und der Rest überhaupt nicht durch Bürgschaft gedeckt. In solchem Falle liegt Teilbürgschaft vor und Teilbürgschaft ist Alleinbürgschaft. A und B wollen nicht zusammen die gleichen 500 M sichern, sondern jeder von ihnen will für sich allein einen bestimmten Bruchteil der gesamten Forderung decken und zwar — was das entscheidende ist — ein jeder einen anderen Teil, sodaß sie sachlich nicht „dieselbe" Forderung sichern, und daher unmöglich Mitbürgen sein können.[29])

---

[28]) Freilich auch nur in der Begriffsbestimmung. In der rechtlichen Behandlung machte es nach einzelnen Rechten einen erheblichen Unterschied, ob die Bürgschaft gemeinsam übernommen war oder nicht. Vgl. darüber unten § 5.

[29]) Den Unterschied zwischen Mitbürgschaft und Teilbürgschaft hat Schneider a. a. O. S. 2 u. 3 nicht berücksichtigt. Daher läuft ihm bei der Entscheidung der von ihm aufgeworfenen 3 Fälle auch beim Fall III ein Irrtum unter. Er meint dort S. 3 im vorletzten Absatz: „Dasselbe gilt im Falle III". Er hätte aber entscheiden müssen: „Wieder anders ist es im Falle III. Denn hier kann eine Teilbürgschaft anzunehmen sein, nämlich dann, wenn die Beteiligten eine Vereinbarung darüber getroffen haben, wer von ihnen für die ersten 50000 des zu erwartenden Saldos einstehen soll. Soll dies A. sein, so hat B. überhaupt keine Zahlungspflicht und daher, falls er doch zahlt, höchstens aus einer neg. gestio

Ob im gegebenen Falle Mitbürgschaft oder Teilbürgschaft anzunehmen sei, ist nach dem aus dem Umständen des Einzelfalles zu ermittelnden Willen der Parteien zu entscheiden. Teilbürgschaft dürfte regelmäßig dann anzunehmen sein, wenn die Teilbeträge der sämtlichen Bürgen gerade die ganze Schuldsumme ausmachen, wenn sich also etwa für die 1200 M betragende Forderung des X der A mit 600, B mit 300, C mit 200, und D mit 100 M verbürgt haben. Sie dürfte zumeist auch dann gewollt sein, wenn die Summe der Teilbeträge die ganze Schuldsumme nicht erreicht. Dagegen kann die Entscheidung zweifelhaft sein, wenn die Summe der einzelnen Bürgschaftsbeträge die Schuldsumme übersteigt. Der Verlauf der Verhandlungen vor und beim Abschluß der Bürgschaftsverträge und die wirtschaftlichen Verhältnisse der Parteien werden dem Richter einen Fingerzeig geben können.[30])

§ 4.

Verhältnis des zahlenden Bürgen zum Hauptschuldner.

Der Bürge zahlt im Regelfalle eine Schuld, die ihn materiell nicht angeht. Daher kann er sich bei dem eigentlich Verpflichteten, dem Hauptschuldner, erholen. Dies entspricht der praktischen Vernunft so sehr, daß es auffallen müßte, wenn nicht das alte Recht

---

heraus Ersatzansprüche. Zahlt aber A, so hat er gar keinen Ausgleichungsanspruch, weil B. gar nicht sein Mitbürge ist." Vgl. den Aufsatz Schneiders a. a. O., der lesenswert ist. Freilich ist der Gedanke, daß unter Mitbürgen zunächst kein Gesamtschuldverhältnis vorliegen könne, daß sich ein solches aber unter Umständen unter ihnen „auswachsen" könne (S. 1) höchst schief. Wo Mitbürgschaft gegeben ist, da besteht stets ein Gesamtschuldverhältnis. Wo aber Teilbürgschaft vorliegt, da besteht kein solches, da wächst sich aber auch kein solches aus.

[30]) Ob Kremer mit mir in der von mir hervorgehobenen Unterscheidung zwischen Mitbürgschaft und Teilbürgschaft übereinstimmt, vermag ich nicht zu sagen. Irrtümlich scheint es mir aber zu sein, wenn er a. a. O. S. 23 meint: „Der Bürge einer Teilschuld ist also nicht Mitbürge des Bürgen der umfassenderen Schuld, die jene in sich schließt." Ich meine im Gegenteil, daß in diesem Falle regelmäßig Mitbürgschaft anzunehmen ist. Wenn ein Bürge die Schuld in voller Höhe deckt, ein anderer aber nur in Höhe eines Teilbetrages, so ist es m. E. klar, daß dieser andere nur für teilweise Erfüllung der Schuld einsteht. Ich kann mir gar nicht denken, daß eine andere Auffassung möglich sei, erst recht aber ist mir zweifelhaft, ob irgend ein sich verbürgender Laie eine andere Auffassung haben wird. Ein solcher wird es auch kaum glauben, daß „der Teil etwas anderes ist, als das Ganze" (a. a. O. S. 11). Gegen Kremer, auch Dittenberger a. a. O. S. 110—111. Wie hier, auch Martinius a. a. O. S. 543, Koban a. a. O. S. 147 für östr Recht und S. 175 für das deutsche Recht.

Richtig ist freilich, daß der eine Teil einer Forderung etwas anderes ist, als ein anderer Teil. Da nun das Ganze auch diese „anderen Teile" umfaßt, so kann man in diesem Sinne wohl sagen, der Teil sei etwas anderes, als das Ganze. Wenn Kremer diesen Sinn im Auge hat, so stimme ich ihm zu.

schon den gleichen Gedanken in dieser oder jener Form ausgesprochen hätte. Und die alten Rechte haben ihn in der Tat schon zum Ausdruck gebracht, wenngleich auf verschiedene Art.

Das römische Recht gewährte dem zahlenden Bürgen falls dieser sich im Auftrage des Schuldners verbürgt hatte, die actio mandati contraria und, wenn es an solchem Auftrage mangelte, die actio negotiorum gestorum. Letztere entfiel freilich, wenn es an den Voraussetzungen der negotiorum gestio fehlte, insbesondere dann, wenn der Bürge sich gegen den Willen des Hauptschuldners eingemischt hatte. Hier gebrach es mit Recht an jeder Klagemöglichkeit gegen den Hauptschuldner, wie aus der l. 20 § 1 Dig. 17,1 klar hervorgeht.

Neben diesen besonderen Klagen aus dem zwischen Bürge und Schuldner bestehenden Rechtsverhältnisse hatte der römische Bürge an sich keine allgemeine Regreßklage. Wohl aber konnte er sich eine solche verschaffen und zwar durch Geltendmachung des sog. beneficium cedendarum actionum, kraft dessen er die Befriedigung des Gläubigers ablehnen konnte, wenn dieser ihm nicht seine Ansprüche gegen den Hauptschuldner samt den Akzessorien zedierte. Mit dieser actio cessa konnte er dann gegen den Hauptschuldner Regreß nehmen, und, wie weiter unten zu zeigen ist, im Falle der Mitbürgschaft auch gegen die Mitbürgen.[31]) Nur auf diesem Umwege gelangte das römische Recht zu einer allgemeinen Regreßklage und auch das gemeine Recht ist auf diesem Standpunkte stehen geblieben.[32])

Weniger umständlich war das deutsche Recht. Dieses sah von dem Erfordernis der Klagenzession ab und gewährte schon in der ältesten Zeit dem Bürgen lediglich auf Grund der Zahlung ein Regreßrecht gegen den Hauptschuldner.[33]) Diese Auffassung hat sich auch im späteren Mittelalter erhalten,[34]) und ist, da sie der praktischen Vernunft entspricht, in die meisten Rechtskodifikationen der Neuzeit und insbesondere auch ins BGB. übergegangen.[35])

---

[31]) Vgl. l. 27 § 2 Dig. 17,1, l. 28 eod. Auch Girtanner, Bürgschaft S. 96 ff. 248 ff. 272, 533 ff. Hasenbalg a. a. O. S. 401 ff. Gemeinrechtlich war streitig, ob der Bürge das ben. ced. act. stets habe oder nur dann, wenn er aus dem zugrundeliegenden Rechtsverhältnisse Ansprüche hatte. Windscheid a. a. O. II S. 1100 Anm. 7 nahm letzteres an. Seine Auffassung wurde aber von der herrschenden Lehre mit Recht mißbilligt. Vgl. Dernburg Pandekten II S. 219 Anm. 7 und die von ihm zitierten: Brinz § 256, Arnds § 356. Windscheid selbst gab zu, daß römische Quellenzeugnisse für seine Lehre nicht beständen. Aber auch innere Gründe sprechen nicht für sie. Der Gläubiger hat an der Verweigerung der Cession keinerlei Interesse und man verstattete dem Gläubiger geradezu eine exceptio ex jure tertii, wenn man der Windscheid'schen Auffassung folgte.

[32]) Vgl. Dernburg Pand. II § 80.

[33]) Lex Burgundionum tit 19 c. 5—8. Vgl. dazu Stobbe Vertragsrecht S. 130, Stobbe D. Privatrecht 3 S. 367 u. in ausführlicher Breite Platner a. a. O. S. 165 ff.

[34]) Vgl. Stobbe Vertragsrecht S. 130 und die dort zitierten Goslarer Statuten.

[35]) Vgl. A. L. R. I, 14 § 338—341. Code civil art. 2029. Schweizerisches Obligationenrecht § 504. Österreich. BGB. § 1358. BGB. § 774. Vgl. auch den Dresdener Entwurf eines Obligationenrechts § 940.

Wie im römischen Rechte, so können auch heute die Regreßansprüche des zahlenden Bürgen eine doppelte Rechtsgrundlage haben. Denn sie können beruhen:

a) auf dem zugrundeliegenden Rechtsverhältnisse,

b) auf der — kurz gesagt — gesetzlichen Cession der bisher dem Gläubiger zustehenden Forderung.[36]) Diesen Forderungsübergang kraft Gesetzes bezeichnen die Motive[37]) zum B.G.B. und einhellig auch die juristischen Schriftsteller als Subrogation,[38]) ein Ausdruck, der in Ermangelung eines besseren auch hier Verwendung finden mag.[39])

Zu a. Daß Ansprüche auf dem zugrundeliegenden Rechtsverhältnisse beruhen können, ist ohne weiteres klar. Sie können, wie im römischen Rechte, durch einen Auftrag oder aus dem Gesichtspunkte der Geschäftsführung ohne Auftrag begründet sein. Das eine oder das andere dieser Rechtsverhältnisse wird mindestens in der Regel vorliegen. Ob aber heute nur diese Rechtsverhältnisse in Frage kommen können, oder auch andere, insbesondere, ob auch die Tatsache einer ungerechtfertigten Bereicherung den Rechtsboden für die Ansprüche abgeben kann, ist zweifelhaft. Doch scheint mir letztere Frage verneint werden zu müssen. So sicherlich dann, wenn man sich der überwiegenden und auch wohl zutreffenden Meinung über das Wesen der Kondiktionsansprüche anschließt, wonach diese nur subsidiär, also nur dann gegeben sind, wenn es an einer anderen Rechtsgrundlage für einen Anspruch fehlt.[40])

Zu b. Wahlweise neben den vorstehend erörterten Ansprüchen ist dem Bürgen der Subrogationsanspruch gegeben. Zweck seiner Einführung war wohl der, dem Bürgen zu möglichst leichter Durchführung seines Regresses zu verhelfen. Der Bürge zahlt ja — materiell genommen — nicht eine eigene, sondern eine fremde Schuld. Darum ist es natürlich, daß er die Schuld auf den materiell Verpflichteten abwälzen kann. Wäre er hierfür nur auf das zwischen ihm und jenem bestehende besondere Rechtsverhältnis angewiesen, so

---

[36]) Übereinstimmend: Planck a. a. O. Bd. II, Anm. 3 zu § 426. Örtmann a. a. O. Anm. 4 zu § 426. Kremer a. a. O. S. 205 ff. Koban a. a. O. S. 40 Abs. III. Crome a. a. O. S. 345.

[37]) Mugdan a. a. O. Bd. II S. 376 Abs. III.

[38]) Der Ausdruck entstammt dem französischen Rechte (code civ. III, 3 chap 5 § 2: Du paiement avec subrogation). Vgl. Oßwald a. a. O. S. 27.

[39]) Es gibt noch andere Fälle des Forderungsüberganges kraft Gesetzes (cessio legis), die nicht zu den Subrogationsfällen gehören. Es sind dies die Fälle der §§ 82 II, 382, 1438 II, 1485, 1519 II und 1549. Man bezeichnet sie allgemein und zweckmäßigerweise als Fälle des „einfachen" Forderungsüberganges. Unterscheidendes Merkmal ist, daß die Forderung hier ohne weiteres, in den Subrogationsfällen aber nur auf Grund einer sog. „Einlösungszahlung" übergeht. Weitere Subrogationsfälle enthalten die hier nicht weiter zu erörternden §§ 268, 1150, 1249 sowie 1607 II und 1709.

[40]) Näheres bei Kremer a. a. O. S. 140.

würde — dies allein mag hier hervorgehoben werden — auf seinen Schultern die Beweislast für das Vorliegen dieses Rechtsverhältnisses ruhen.[41]) Das ist jetzt anders. Jetzt genügt es für den Bürgen, zur Begründung seines Regreßanspruches zu behaupten und zu beweisen: ich habe 1. gebürgt und 2. gezahlt. Damit ist die Regreßklage zunächst ausreichend begründet.[42]) Es erscheint augenfällig, welch wesentliche Erleichterung dem Bürgen durch Einführung des Subrogationsanspruchs verschafft worden ist.

Die beiden vorgedachten Ansprüche stehen infolge der Bestimmung des § 774 I S. 2, wonach gegen den Subrogationsanspruch auch etwaige aus dem zugrundeliegenden Rechtsverhältnisse begründete Einwendungen geltend gemacht werden können, in einer interessanten Wechselbeziehung, deren nähere Erörterung sich aber durch den Rahmen der Abhandlung verbietet. Nur so viel sei hervorgehoben, daß der Gegenstand der beiden Ansprüche der gleiche ist, und daß beide Ansprüche zu einander in einem Konkurrenzverhältnisse stehen in der Art, daß durch Befriedigung des einen Anspruchs auch der andere getilgt ist, soweit er sich an Umfang mit jenem deckt.[43])

II. Nach § 774 I S. 1 geht die Forderung des Gläubigers gegen den Hauptschnldner ohne weiteres durch die Zahlung des Bürgen auf diesen über. Es liegt in der Natur der Sache, daß die Forderung in dem Zustande übergehen muß, in welchem sie sich zur Zeit der Zahlung befindet. War sie also verjährt, so geht sie auch nur als verjährte über. Daraus scheint anch hervorzugehen, daß, wenn sie durch eine Hypothek oder ein Pfandrecht oder eine weitere Bürgschaft gesichert war, mit diesen sog. „Akzessorium“ übergehen muß. Es heißt ja im § 401:

> „Mit der abgetretenen Forderung gehen die Hypotheken oder Pfandrechte, die für sie bestehen, sowie die Rechte aus einer für sie bestellten Bürgschaft auf den neuen Gläubiger über.“

Ja, sogar Vollstreckungs- und Konkursprivilegien sollen nach Abs. II mit übergehen, und weit verbreitet ist die auch in den Protokollen[44]) sich findende Auffassung, daß diese Bestimmung erweiternd ausgelegt und auf andere „Akzessorien“, wie Zinsen, Vertragsstrafen, die grundbuchliche Vormerkung usw. ausgedehnt werden müsse.[45])

---

[41]) Wegen sonstiger Vorzüge des Subrogationsanspruchs vgl. Stammler a. a. O. S. 204.

[42]) Übereinstimmend: Planck, BGB. Bd. II, 2. Aufl. S. 838 unter Note 3a zu 774. Vgl. auch ebendaselbst unter Note 8 S. 840.

[43]) Vgl. Kremer a. a. O. S. 124 ff. Stammler a. a. O. S. 204 ff. Koban a. a. O. S. 56 ff., 75 ff., 99 ff. Schulz a. a. O. S. 103.

[44]) Mugdan a. a. O. Bd II S. 574 unten.

[45]) So: Planck a. a. O. Bd. II S. 185, Anm. 1 zu § 401. Örtmann a. a. O. S. 124 Anm. 1 zu § 401. Schollmeyer a. a. O. D. 366 Anm. 1 zu § 401. Goldmann-Lilienthal a. a. O. Bd. I S. 440. Oßwald a. a. O. S. 56. v. Stempel a. a. O. S. 52. Auch die Praxis hat in diesem Sinne Stellung genommen und

Und da nun einerseits § 412 bestimmt, daß unter anderen auch die Vorschrift des § 401 auf die Übertragung einer Forderung kraft Gesetzes entsprechende Anwendung finden soll, andererseits aber § 774 ohne Zweifel eine solche Übertragung kraft Gesetzes im Auge hat,[46]) so scheint diese Beweisführung so schlüssig, daß sie bis in die jüngsten Tage hinein für richtig gehalten worden ist.[47]) Auch die Verfasser des 1. Entwurfes des BGB. haben, wie die Motive ergeben,[48]) diese Deduktion für richtig gehalten.

Als Erster hat Breit[49]) auf ihre Unrichtigkeit hingewiesen. Zwar — so führt er aus — sagt § 401 in Verbindung mit § 412, daß bei der Cessio legis auch die für sie bestehenden Hypotheken, Pfandrechte und Bürgschaften übergehen. Doch macht das Gesetz 2 ausdrückliche Ausnahmen und zwar:

1. für die Mitbürgschaft durch § 774 II und
2. für die Gesamthypothek durch § 1173.

In beiden Fällen geht zwar die Forderung gegen den Hauptschuldner in voller Höhe auf den Zahlenden über, die Forderung aus den dafür bestellten Sicherheiten aber nur in der Höhe, in welcher der Zahlende von den Mitverpflichteten Ausgleichung verlangen kann.

---

zwar mit Recht. Doch geht das Oberlandesgericht Naumburg wohl zu weit, wenn es (vgl. Mugdan-Falkmann Bd. VI S. 84) diese Vorschrift sogar auf das Recht des Bauhandwerkers auf Sicherung aus § 648 ausdehnt. Dagegen auch Oberlandesgericht Kiel (vgl. Mugdan-Falkmann a. a. O. Bd. IV S. 46).

[46]) Der Ausdruck ist schief. Es hieße besser: „Übergang kraft Gesetzes". Merkwürdigerweise will Marcus („Materielle Grundfragen" 1906 S. 6) zwischen „Übertragung" einer Forderung kraft Gesetzes und „Übergang" einer Forderung kraft Gesetzes einen Unterschied machen. Er meint, daß das Gesetz zwar diese Unterscheidung anerkenne, nicht aber seine Ausleger. Er beruft sich dafür auf § 1251 Abs. 2 S. 2 des BGB., aus dem gar nichts folgt. Gemeint ist dagegen wohl der S. 3 daselbst, der den Fall des „Überganges" kraft Gesetzes und den Fall der „Abtretung auf Grund gesetzlicher Verpflichtung" unterscheidet. Letzteres ist freilich etwas ganz anderes, als Ersteres, und das wird keineswegs von Planck verkannt, wie Marcus ihm mit Unrecht vorwirft. Wohl aber dürfte es gerechtfertigt sein, vom wissenschaftlich-kritischen Standpunkte aus Marcus entgegenzutreten, wenn er die Abtretung auf Grund gesetzlicher Verpflichtung d. h. die rechtsgeschäftliche Abtretung, zu deren Vornahme eine gesetzliche Pflicht besteht, mit der Übertragung kraft Gesetzes indentifizieren will.

[47]) Und zwar, wie mir scheint, einstimmig. Vgl. Stammler a. a. O. S. 203 Anm. 2. Dernburg BGB. Bd. II S. 355. Schollmeyer a. a. O. S. 77 Anm. 4 zu § 268. Kremer a. a. O. S. 132. Planck a. a. O. Bd. II S. 518 Anm 2c zu § 774. Goldmann-Lilienthal S. 464. Rehbein a. a. O. S. 460, Anm. 21 zu §§ 420—432. Cosack a. a. O. S. 390. Strohal a. a. O. S. 373. Boethke a. a. O. S. 758 Mitte, im Abs. III. Sellner a. a. O. S. 477. Oßwald a. a. O S. 56. Örtmann a. a. O. S. 500 Anm. 3 zu § 774. Koban a. a. O. S. 174 Anm. 2, ebenso: S. 199 oben und S. 206. Roth a. a. O. S. 49.

[48]) Mugdan a. a. O. Bd. II S. 376 unten.

[49]) a. a. O. S. 283 ff.

Diese beiden Ausnahmefälle, denen, wie Breit darlegt, noch andere hinzutreten, erscheinen ihm als Ausfluß eines allgemeinen Prinzips, welches dahin gehen soll, daß § 401 restriktiv zu interpretieren sei, daß in den Subrogationsfällen § 401 allgemein nur dann gelte, wenn der Hauptschuldner selbst der durch die Sicherung Verpflichtete ist, daß er aber, wenn dies ein Dritter sei, nur in so weit gelte, als er einen Ersatzanspruch habe.

Nach Breit darf man nicht sagen: Der Zahlende hat einen Ersatzanspruch, weil nach § 401 die Sicherheit übergeht, sondern umgekehrt: Wenn der Zahlende einen Ersatzanspruch hat, geht die Sicherheit mit über.

Diesem Ergebnisse Breits stimme ich bei, jedoch nicht seiner Begründung.[50]) Gewiß ist es unrichtig, zu sagen: „Wenn die Forderung übergeht, so gehen schlechthin, also immer und notwendig auch die dafür bestellten Bürgschaften, Pfandrechte und Hypotheken mit über." Allein dies ist nicht deshalb unrichtig, weil, wie Breit meint, der § 401 restriktiv interpretiert werden und die §§ 774 II und 1173 als zu verallgemeinernde Ausnahmen betrachtet werden müßten, sondern deshalb, weil das, was man allgemein aus dem § 401 herausliest, gar nicht darin steht. Man liest heraus, daß mit einer zedierten oder kraft Gesetzes übergehenden Forderung schlechthin und immer die Akzessorien mitübergingen. Und doch könnte man dies nur dann aus dem § 401 herauslesen, wenn er zwingendes Recht enthielte, was doch unzweifelhaft nicht der Fall ist.[51]) Wenn die Be-

---

[50]) Auch den übrigen Ausführungen Breits kann ich nicht zustimmen. Breit geht zu weit, wenn er meint, daß der Zahlende nur dann die Sicherheit erwerbe, wenn er ohnehin einen Ersatzanspruch habe. Er betrachtet den Ersatzanspruch mithin als Voraussetzung für den Erwerb der Sicherheit. Das ist verfehlt.

[51]) Dies heben ausdrücklich hervor: Planck a. a. O. Bd. II S. 185 Anm. 1 Abs. I zu § 401 und v. Stempel a. a. O. S. 51, indem sie § 401 als Dispositivvorschrift bezeichnen. — Auf die Frage der Berechtigung der Gegenüberstellung von zwingendem und nicht zwingendem Recht kann im Rahmen dieser Abhandlung nicht näher eingegangen werden. Vgl. darüber Ehrlich a. a. O., insbes. S. 11, 33 ff., 42 ff., 72 ff., 255 ff. Zutreffend führt er aus, daß die Verschiedenartigkeit der die Rechtsfolgen der Rechtsgeschäfte festlegenden Normen eine gar zu große sei, als daß die einfache Unterscheidung in zwingende und nichtzwingende Rechtssätze genüge. Er teilt daher die letztere Gruppe ein in auslegende, ergänzende und nachgiebige Rechtssätze, unter denen er die Fürsorgerechtssätze wieder als besondere Art hervorhebt. Unter den auslegenden Rechtssätzen (Auslegungsregeln) versteht er — im Gegensatz zu den Motiven zum BGB. — „Rechtsregeln, die bei Feststellung der Folgen eines Rechtsgeschäfts dem Willen der Parteien möglichst nahe zu kommen suchen" (S. 44). Als Auslegungsregel in diesem Sinne würde auch die Vorschrift des § 401 anzusehen sein. Unter ergänzenden Rechtssätzen versteht Ehrlich solche, welche Entscheidungsnormen aufstellen für Fälle, an die die Parteien in der Regel gar nicht denken (S. 47), während er nachgiebige Sätze die übrigen Normen des der Parteiwillkür unterliegenden Rechts nennt. Es ist nicht zu leugnen, daß die Unterscheidung vieles für sich hat. Vgl. Ehrlich S. 33—100 und 262.

stimmung des § 401 aber nicht zwingender Natur ist, so läßt sie eine Parteivereinbarung dahin zu, daß trotz des Überganges der Forderung die Pfandrechte und sonstigen Akzessorien nicht mit übergehen sollen. Sie erlöschen alsdann, da sie wegen ihrer akzessorischen Natur selbständig nicht bestehen können. So wenigstens bei Bürgschaften, welche hier allein in Frage stehen.

Wenn aber Parteiwille eine Abweichung vom § 401 begründen kann, so ergibt sich, daß in den Fällen der cessio legis durch besondere Umstände eine Abweichung von den Bestimmungen des § 401 gefordert werden kann.

Es schreibt nun § 412 die entsprechende Anwendung auf diese Fälle vor. Der Nachdruck liegt hier auf dem Wörtchen „entsprechende". Die Vorschrift des § 401 soll also auch hier nur im Zweifel gelten, also dann nicht, wenn sich aus dem direkt oder indirekt erklärten Parteiwillen oder aus dem Gesetze selbst oder aus den Umständen ergibt, daß die Akzessorien nicht mit übergehen können oder sollen.

Es mag das zunächst, obwohl dies außerhalb unseres Themas liegt, hinsichtlich der Hypotheken klargelegt werden und zwar an der Hand des von Breit gewählten Beispieles I, welches lautet: A und B gehen im Namen eines nicht rechtsfähigen Vereins den C um ein Darlehn von 10000 M. an. C will das Darlehn nur gewähren, wenn die 10000 M. hypothekarisch sicher gestellt werden. Auf Bitten von A und B läßt D die Hypothek auf sein Grundstück eintragen.

„Nach § 54," so führt Breit aus, „haften A und B dem C als Gesamtschuldner, nach § 426 sind sie im Verhältnisse zueinander zu gleichen Anteilen verpflichtet. Wenn nun A dem C die ganzen 10000 M. zurückzahlt, so geht gemäß § 426 II der Anspruch des C gegen B in Höhe von 5000 M. auf ihn über. Erwirbt er damit auch die Hypothek am Grundstück des D zur Hälfte?" —

Diese Frage wird jeder mit Breit verneinen.

Zwar bestimmt 1153 II, daß die Hypothek nicht ohne die Forderung und umgekehrt diese nicht ohne die Hypothek übertragen werden kann. Allein dem Wortlaute nach gilt diese Bestimmung nur für die rechtsgeschäftliche Übertragung. Es besteht aber kein wichtiger, geschweige denn ein zwingender Grund dafür, diese Bestimmung auf die Fälle eines gesetzlichen Forderungsübergangs auszudehnen.[52]) Obendrein ist es durchaus zutreffend, wenn Breit ausführt, daß § 1153 II zum mindesten eine Übertragung der Hypothek für sich allein (d. h. ohne die Forderung) auf den Eigentümer des Grundstücks nicht aus-

---

[52]) Der § 412 kann keinen Grund dafür abgeben. Denn er bestimmt ja nur die entsprechende Anwendung der §§ 399—404 und 406—410, nicht etwa auch des § 1153.

schließe.[53]) Um einen solchen Übergang auf den Eigentümer handelt es sich aber in dem Breitschen Beispiele, das hier in Frage steht.

Es steht also nichts der Annahme im Wege, daß kraft Gesetzes sehr wohl eine Forderung ohne die Hypothek auf einen neuen Gläubiger übergehen kann, zum mindesten dann, wenn die Hypothek dabei auf den Eigentümer übergeht. Es darf daher wohl generell gesagt werden, daß eine hypothekarisch gesicherte Forderung für sich allein (d. h. ohne die Hypothek) in allen denjenigen Fällen der gesetzlichen Cession auf den neuen Gläubiger übergeht, in welchen — wie im Breit'schen Beispiele — der Parteiwille erkennbar dahin geht, daß der Mitübergang der Hypothek auf den die Forderung kraft Gesetzes etwa Erwerbenden ausgeschlossen sein soll. Die Hypothek geht, wie schon angedeutet wurde, in diesen Fällen auf den Eigentümer über und zwar — nach § 1177 I als Eigentümergrundschuld.

Die gleiche Erwägung ergibt nun aber auch den inneren Grund für die weitere Tatsache, daß in einem andern von Breit gewählten Beispiele die Bürgschaft nicht auf die Regreßforderung der Ehefrau gegen ihren Ehemann sichert.

Das Beispiel lautet: „Die ledige A. hat vor ihrer Verheiratung eine Versicherung (etwa gegen Feuer) aufgenommen und B. hat der Versicherungsgesellschaft gegenüber für die Zahlung der Prämien Bürgschaft geleistet. Die A. heiratet, der versicherte Gegenstand gehört zum eingebrachten Gute.

Gemäß § 1385 Z. 3 ist der Ehemann der Frau gegenüber zur Zahlung der Prämien verpflichtet, beide zusammen sind aber als Gesamtschuldner verhaftet. Zahlt nun die Frau, so geht nach § 426 die Forderung auf sie über: Geht auch die Bürgschaft mit über?" —

Das ist mit Breit zu verneinen, jedoch lediglich deshalb, weil der Wille der Parteien hier unverkennbar dahin ging, daß die Bürgschaft sich in dem Einstehen des B. der Gesellschaft gegenüber vollends erschöpfen sollte. Es besteht also gar kein „Zweifel", ob sie mit übergehen soll. Sie soll eben nicht übergehen, und daher geht sie auch nicht über — trotz des § 401.

Das Ergebnis geht also dahin: Mit dem § 401 kann der Erwerber eines durch Akzessorien gesicherten Forderungen seine Ansprüche auf die Akzessorien nur insoweit stützen, als sich nicht aus anderen Gesetzesbestimmungen, aus Parteierklärungen oder den Umständen ein Anderes ergibt.

---

[53]) Mit Recht begründet Breit dies durch einen Hinweis auf § 1168. Danach kann ein Hypothekengläubiger jederzeit auf die Hypothek verzichten, ohne zugleich auf die Forderung verzichten zu müssen. Durch den Verzicht überträgt er wohl die Hypothek, und zwar auf den Eigentümer, nicht aber auch die Forderung. Diese behält er.

III. Demgemäß kann der Bürge die Forderung des Gläubigers regelmäßig („im Zweifel") mitsamt den dafür bestehenden Akzessorien gegen den Schuldner geltend machen. So praktisch wohl stets, wenn der Schuldner selbst der durch die Sicherung Verpflichtete ist [54]), mag die Verpflichtung auf Rechtsgeschäft oder Gesetz beruhen. [55])

Er kann dies auch, wenn ein Dritter die Sicherung bestellt hat, aber mit dem wichtigen Vorbehalte, daß Gesetz oder Parteiwille nicht ein Anderes bestimmt haben dürfen.

---

[54]) Das Gegenteil müßte ausdrücklich zwischen Schuldner und Bürge vereinbart sein oder doch als stillschweigend vereinbart anzusehen sein.

[55]) So hat z. B. der Verpächter ein gesetzliches Pfandrecht an den eingebrachten Sachen des Pächters eines landwirtschaftlichen Grundstücks (§ 585). Würde der Verpächter außerdem durch einen Bürgen gesichert sein und diesen in Anspruch nehmen, so würde dieser mit der Pachtzinsforderung auch das gesetzl. Pfandrecht erwerben. Die Entscheidung des R.-G. (jur. Wochenschrift von 1902 S. 95 Nr. 28) ist also durchaus zutreffend.

II. Teil.

Die Hauptfrage:

Der Ausgleichungsanspruch des zahlenden Bürgen gegen seine Mitbürgen.

Kapitel 1.

Der Ausgleichungsanspruch in seiner Entstehung.

§ 5.

Der allgemeine Charakter des Ausgleichungsanspruchs.

Das Regreßrecht des Bürgen gegen den Hauptschuldner ist praktisch wertlos, wenn dieser zahlungsunfähig ist, und der Bürge ist in solchem Falle in der üblen Lage, selbst die wirtschaftliche Last tragen zu müssen. Unverkennbar ist dies eine Härte, und in den Gesetzen der alten, wie der heutigen Zeit finden wir daher Bestimmungen, die die Tendenz zeigen, die wirtschaftliche Last durch Verteilung derselben unter mehrere für den einzelnen Bürgen möglichst zu mindern. Von einer solchen Verteilung kann natürlich nur dann die Rede sein, wenn mehrere Beteiligte vorhanden sind, insbesondere also im Falle des Vorhandenseins mehrerer Mitbürgen. In diesem Falle nun schlagen die Gesetze zur Erreichung des gedachten Zieles bald diesen, bald jenen Weg ein. Entweder lassen die die Mitbürgen gesamtschuldnerisch haften und gewähren ihm dann entweder ein sog. beneficium divisionis oder sie geben ihm einen Ausgleichsanspruch gegen die Mitbürgen, oder aber sie lassen jeden der Mitbürgen von vorn herein dem Gläubiger nur für einen Kopfteil haften. Jeder dieser Wege erfährt bei einzelnen Rechten noch mehr oder minder erhebliche Modifikationen.

a) Den erstgedachten Weg hat das römische Recht eingeschlagen, indem eine epistola divi Hadriani das beneficium oder auxilium divisionis einführte. Danach konnte der an sich ja als Gesamtschuldner haftende und deshalb auf das Ganze in Anspruch genommen Bürge verlangen, daß der Gläubiger seine Forderung zwischen ihm und den übrigen von ihm als zahlungsfähig erwiesenen gegenwärtigen

Mitbürgen aufteile und demgemäß nur einen Kopfteil der Summe bei ihm eintreibe.[56]) War die Zahlungsfähigkeit der Mitbürgen nicht erweisbar, so konnte der Bürge das Teilungsbegehren nur dadurch verwirklichen, daß er dem Gläubiger Sicherheit dafür leistete, daß er durch die Geltendmachung des ben. div. keinen Schaden erleide.[57]) Dieses ben. div. versagte freilich sowohl, wenn die Mitbürgen nicht praesentes waren, als auch, wenn sie nicht als zahlungsfähig erwiesen werden konnten und es an der Möglichkeit der Sicherheitsleistung gebrach. In solchen Fällen mußte der Bürge das Ganze leisten. Allein die Verteilung der wirtschaftlichen Last konnte er doch erreichen. Freilich nur auf einem Umwege und zwar mit Hilfe des bereits oben erörterten beneficium cedendarum actionum, kraft dessen er ja vom Gläubiger Abtretung seines Anspruchs gegen den Hauptschuldner samt den akzessorischen Ansprüchen verlangen konnte. Unter letzteren waren insbesondere die Ansprüche gegen die Mitbürgen begriffen und so vermittelte das genannte ben. nicht bloß das Regreßrecht gegen den Hauptschuldner, sondern auch den Ausgleichungsanspruch gegen die Mitbürgen. Dieser Umweg war freilich lästig, aber er führte zum Ziele und zwar stets, da das ben. stets gegeben war, auch wenn die Bürgschaft nicht gemeinschaftlich eingegangen war.[58])

b) Die deutschen Rechtsquellen des Mittelalters nehmen im Verhältnis zu den römischen einen nicht unerheblich verschiedenen Standpunkt ein. Nach ihnen ist die Rechtslage des Bürgen sowohl im Verhältnis zum Gläubiger, als auch in bezug auf die Mitbürgen verschieden, je nachdem, ob die Mitbürgen eine einfache, schlichte Bürgschaft oder ob sie eine Gesamtbürgschaft eingegangen waren.

1. Lag eine schlichte Bürgschaft Mehrerer vor — und dies wurde im Zweifel angenommen — so haftete jeder dem Gläubiger von vorn herein nur für einen Kopfteil. Ein besonderer Ausgleichungsanspruch war hier natürlich entbehrlich.[59])

2. Lag dagegen eine Bürgschaft zur gesamten Hand vor — und eine solche wurde nur dann angenommen, wenn die Bürgen sich ausdrücklich zu gleicher Zeit am gleichen Orte unter Anwendung der Worte: „zu gesamter Hand", als „Selbstschuldner", „conjuncta manu" „in solidum" oder eines gleichbedeutenden Ausdrucks ver-

---

[56]) Vgl. l. 26 D. 46, 1; l. 27 pr. eod.; l. 48 D. eod. § 4 J. 3,20, sowie wegen der Frage des Gegenwärtigseins der Mitbürgen l. 10 pr. D. 46,1. Vgl. auch Windscheid a. a. O. § 479 Anm. 2. Dernburg, Pandekten II § 81. Hasenbalg a. a. O. 23, 486 ff. Girtanner, Bürgschaft S. 457 ff.

[57]) Dernburg Pandekten II S. 221, 222 Anm. 9.

[58]) Vgl. l. 39 D. 46,1, § 4 J. 3,20 l. 11 C. 6,40, l. 17 D. 46,1, l. 36 D. eod. l. 41 § 1 D. eod. l. 12 D. 46,6 l 8 C. 8,40. Hasenbalg a. a. O. S. 429 ff. Girtanner Bürgschaft S. 95, 538 Anm. 9, Dernburg Pand. II S. 223 Windscheid a. a. O. § 481 unter 3 u. Anm. 10.

[59]) Vgl. Stobbe Vertragsrecht S. 138 ff. und vor allem die Quellenstellen der mittelalterlichen Rechtsbücher daselbst S. 139—142. Platner a. a. O. S. 45.

pflichtet hatten,[60]) so konnte der Gläubiger jedem Bürgen auf dasselbe Ganze, wie den Hauptschuldner in Anspruch nehmen, ohne daß ein Bürge ein beneficium divisionis hätte vorschützen können. Ein solches ist den meisten Quellen ganz unbekannt,[61]) und es ist wohl nur auf den Einfluß des rezipierten römischen Rechts zurückzuführen, wenn einzelne Quellen es erwähnen und wenn es vielfach gebräuchlich wird, daß die Parteien auf dieses beneficium ausdrücklich verzichten. Im einzelnen zeigen die Rechtsquellen verschiedene Modifikationen der Haftung gegenüber dem Gläubiger. So sind die Bürgen nach einzelnen Rechten primär aufs Ganze, nach anderen primär nur auf ihre Quote und nur subsidiär aufs Ganze verhaftet.[62]).

Während so nach den meisten deutschen Rechtsquellen die Art der Haftung sich gerade danach richtete, ob die Bürgen die Bürgschaft gemeinsam übernommen hatten oder nicht, war diese Unterscheidung dem alten römischen Rechte fremd. Es ist anzunehmen, daß unter den klassischen römischen Juristen kein Streit darüber bestanden hat, ob der Bürge das beneficium divisionis schlechthin habe, oder nur dann, wenn er gemeinsam mit den übrigen Bürgen die Verpflichtung eingegangen war. Wenigstens ist uns nirgends von solchem Zweifel berichtet. Um so auffälliger ist, daß diese Frage unter den gemeinrechtlichen Juristen streitig war, und es will mir scheinen, als ob diese Tatsache sich lediglich durch den Einfluß der aus den deutschen Quellen geschöpften Unterscheidung erklären lasse. Obwohl nun auch die Judikatur zu dieser Frage keineswegs im gleichen Sinne Stellung nahm, so überwog doch in Theorie und Praxis bei weitem die Meinung derer, die jedem Mitbürgen dieses beneficium zusprachen. Und mit Recht. Der äußere Ausdruck, wie der innere Gedanke der römischen Quellen sprechen in gleicher Weise gegen die gedachte Einschränkung dieses die wirtschaftliche Last des Bürgen verteilenden beneficium.[63])

---

[60]) Vgl. Stobbe Vertragsrecht S. 148. Platner a. a. O. S. 46 ff. dort auch Untersuchungen über den Ursprung der Form der Gesamtbürgschaft.

Genau den gleichen Standpunkt nimmt das schweizerische Obligationenrecht ein. Vgl. Hafner a. a. O. Art. 495:493.

[61]) Auch dem östreichischen bürgerl. Gesetzbuch und dem ALR. ist die Einrede der Teilung fremd.

[62]) Vgl. die vorzügliche Darstellung bei Stobbe Vertragsrecht S. 154 ff., insbes. S. 158. Auch Platner a. a O. S. 110 ff.

[63]) Vgl. Entsch. des Obertribunals Stuttgart vom 18. Mai 1852 in Seufferts Archiv Bd. 6 S. 57, die das ben allen Bürgen gewährt. A. A. das Oberhofgericht zu Mannheim bei Seuffert Bd. 3 S. 284, sowie das Oberappellationsgericht zu Wiesbaden bei Seuffert Bd. 13 S. 38. Im Sinne des Obertribunals Stuttgart haben sich ausgesprochen Dernburg Pand. II S. 221. Windscheid Pand. II § 479 Anm. 2. Hasenbalg a. a. O. S. 477 ff. Girtanner in Seufferts Archiv Bd. 43 S. 299 ff. und die von ihm zitierten Schriftsteller, insbesondere: Lauterbach, Voet, Liebe, Arndts usw.

A. A. Seuffert in seinem „Archiv“ Bd. 6 S. 58 Anm. 2, Kritz a. a. O. I S. 178 ff. Von den Quellenstellen würden vor allem l. 15 § 1 D. 46,1, l. 51

Bei der schlichten Bürgschaft im oben besprochenen Sinne der deutschen Quellen ist die Verteilung der wirtschaftlichen Last schon durch die anteilmäßige Haftung gegenüber dem Gläubiger durchgeführt. Anders bei der Gesamthandbürgschaft. Hier konnte das Ziel nur durch besondere Maßnahmen erreicht werden, und die deutschen Quellen erreichten es in der Weise, daß sie dem aufs ganze in Anspruch genommenen Bürgen einen sog. Ausgleichungsanspruch gegen die Mitbürgen gaben. Diesen gewährten sie aber ohne weiteres, also ohne besondere Cession, und mit Recht wird hierin der Hauptunterschied gegenüber dem alten römischen Rechte erblickt [64]), das diesen Erfolg nur auf dem Umwege der Klagencession erreichte.

Umwege sind lästig. Man strebt, sie zu vermeiden. So pflegten auch gemeinrechtliche Schriftsteller — gewiß zum Teil infolge des Einflusses der deutschrechtlichen Anschauungen — zu lehren, von dem Erfordernisse einer besonderen Cession sei nach gemeinem Rechte Abstand zu nehmen [65]) und der Ausgleichungsanspruch in allen Fällen zu gewähren, und es erscheint somit als eine gesetzliche Sanktion dieser Auffassung, wenn das BGB. nach § 769 und 774 heute die Mitbürgen in allen Fällen als Gesamtschuldner haften und dem zahlenden in allen Fällen einen Ausgleichungsanspruch erwachsen läßt. [66])

Die Rechtsgrundlage dieses Anspruchs bildet 774 II, wonach Mitbürgen einander nach § 426, und zwar nur nach 426 d. h. in gleicher Weise haften sollen, wie dies bei Gesamtschuldnern unter einander der Fall ist. Auf diese Haftung ist daher zunächst einzugehen.

§ 6.

Fortsetzung. Charakter des Ausgleichungsanspruchs des Gesamtschuldners.

Während, wie schon hervorgehoben wurde, die deutschen Quellen auf die Frage, ob ein G e s a m t s c h u l d n e r schlechthin einen Ausgleichungsanspruch habe, eine bejahende Anwort geben, lassen die Quellen des römischen Rechts eine klare Antwort vermissen. Daher war diese Frage in der gemeinrechtlichen Literatur bis in die jüngste

---

pr. eod, C. 3 Cod. 8,41 und C. 10 § 1 eod. im Sinne dieser Meinung verwertet. Eine ausgezeichnete Widerlegung dieser Lehre mit Erörterung der Quellenstellen findet sich bei Girtanner im Archiv. f. d. ziv. Pr. a. a. O. Die wichtigsten Quellenstellen, die die herrschende Lehre stützen, sind wohl: § 4 J. 3,21 l. 10 pr. D. 46,1 l. 10 § 1 eod. l. 52 § 1 eod. und vor allem: l. 48, § 1 eod.

[64]) Stobbe, Vertragsrecht S. 171—174.

[65]) So vor allem Dernburg, Pand. II § 81.

[66]) Im Gegensatz dazu steht das A. L. R. I 14 § 374, wonach ein Ausgleichungsanspruch nur unter d e n Mitbürgen bestand, welche die Bürgschaft gemeinsam übernommen hatten. Dagegen stimmt das östreichische BGB. § 1359 und der code vivil Art. 2033 mit dem heutigen Rechte überein.

Zeit hinein streitig. Eine Bejahung hätte der Billigkeit gemäß entsprochen und daher redeten ihr viele das Wort, zum Teil gewiß auch unter dem Einfluß der Auffassung der deutschen Rechtsquellen. Allein in den römischen Quellen fand die bejahende Meinung keine Stütze, so daß für das römische Recht die durch l. 62 pr. Dig. 35, 2 getragene Gegenmeinung den Vorzug verdient.[67])

Das BGB. folgt der Auffassung der deutschen Quellen, indem es im § 426 bestimmt:

(Abs. I) Gesamtschuldner sind im Verhältnisse zu einander zu gleichen Anteilen verpflichtet, soweit nicht ein anderes bestimmt ist. Kann von einem Gesamtschuldner der auf ihn entfallende Betrag nicht erlangt werden, so ist der Ausfall von den übrigen zur Ausgleichung verpflichteten Schuldnern zu tragen.

(Abs. II) Soweit ein Gesamtschuldner den Gläubiger befriedigt und von den übrigen Schuldnern Ausgleichung verlangen kann, geht die Forderung des Gläubigers gegen die übrigen Schuldner auf ihn über. Der Übergang kann nicht zum Nachteil des Gläubigers geltend gemacht werden.

Die Bedeutung dieses § 426 liegt darin, daß er zwischen Gesamtschuldnern, also Personen, welche einem Gläubiger in der Art haften, daß jeder dieselbe ganze Leistung schuldet, durch einmalige Leistung aber alle befreit werden, obligatorische Rechtsbeziehungen schafft. Kraft dieser sind die einzelnen Gesamtschuldner unter einander zum Ausgleich verpflichtet und zwar in der Art, daß jeder zu einem gleichen Anteil (Kopfteil) verpflichtet ist. Die Bestimmung gilt aber nur im Zweifel. Es kann „etwas anderes bestimmt" sein, sei es durchs Gesetz,[68]) sei es durch Parteivereinbarung.

Interessant ist das Verhältnis der Bestimmungen der beiden Absätze zu einander. Abs. I bildet die Grundlage. Er schafft das Rechtsverhältnis, kraft dessen der Ausgleich gefordert werden kann. Zugleich ergibt sich aus ihm, in welcher Art die Ausgleichungspflicht ihre praktischen Wirkungen äußern kann, solange die Zahlung der Gesamtschuld noch nicht erfolgt ist. Man wird aus dem Abs. I schließen müssen, daß derjenige, der in Anspruch genommen wird, von den übrigen verlangen kann, daß sie gleichzeitig mit ihm ihren Kopfteil an den Gläubiger oder aber nach ihrer Wahl rechtzeitig vorher an ihn selbst abführen, damit er in der Lage ist, einheitlich zu leisten. Der Abs. II dagegen regelt den Fall, daß einer mehr als seinen

---

[67]) Vgl. Dernburg Pand. II § 73. Windscheid a. a. O. II § 294 im Text u. Anm. 2 und die dort zitierte Literatur, die sich überwiegend mit Dernburg gegen die im Text gebilligte Meinung Windscheids ausgesprochen hat

[68]) Beispiele: §§ 840 II und III, 841 und 1833 des BGB., sowie § 432 III des HGB.

Kopfteil geleistet, oder sogar die ganze Leistung allein bewirkt hat. Alsdann geht nach Abs. II — jedoch nicht zum Nachteil des Gläubigers — dessen Forderung auf ihn über, aber nicht unbedingt und in voller Höhe, sondern nur insoweit, als er Ausgleichung gemäß Abs. I fordern kann.

Streitig ist, wie das aufzufassen sei. Wenn A und B als Gesamtschuldner 1200 M schuldeten und A den ganzen Betrag bezahlt hat, so ist freilich keine andere Auffassung denkbar, als die, daß B in Ermangelung besonderer Bestimmung gehalten ist, dem A 600 M zu ersetzen. Schulden aber A, B und C die 1200 M als Gesamtschuldner, so ist streitig, ob A nach seiner Wahl von B oder C volle 800 M ersetzt verlangen kann, während dem Belangten freisteht, sich wiederum 400 M von dem dritten Mitschuldner ersetzen zu lassen, oder aber ob A von vornherein von B und C nur je 400 M zu fordern berechtigt ist. Mit andern Worten: Es ist streitig, ob B und C (die Mitschuldner) dem A (dem zahlenden Gesamtschuldner) für die Ausgleichungssumme gesamtschuldnerisch oder nur anteilig haften.

Die Meinungen der juristischen Schriftsteller sind zwar geteilt, doch ist die Ansicht, daß nur anteilige Haftung vorliege, die herrschende. Zunächst hat Hruza[69]) folgendes ausgeführt: „Der Übergang der Forderung tritt ein, wenn die Leistung des Zahlers den ihn betreffenden Anteil überschreitet. Schulden A, B, C, D, E den Betrag von 1000 M und hat A 300 M gezahlt, so gehen die Forderungen des Gläubigers gegen B, C, D, E in Höhe von 100 M auf A über. Sind B, C, D, E nun in Bezug auf diese 100 M Solidar- oder Teilschuldner des A? — Wer das Gesetz ernst nimmt, wird sie als Solidarschuldner bezeichnen müssen, da die Rechte des Gläubigers übergegangen sind, und diese auf eine Solidarverpflichtung gehen.

Doch, sollte dies auch dann gelten, wenn die Überzahlung des A 300 M betragen würde, so daß er diesen Betrag nach seiner Wahl von B, C, D oder E eintreiben könnte? Diese Folgerung ließe sich mit § 369 Abs. II[70]) wohl vereinigen, steht aber im Widerspruche mit Abs. I. Die Konsequenz muß also aufhören soweit der überzahlte Betrag den Anteil der Mitschuldner überschreitet. Innerhalb dieser Grenze gilt also Solidarhaftung der ausgleichspflichtigen Mitschuldner, außerhalb derselben Teilhaftung."

Dieser Auffassung kann nicht beigetreten werden. Wenn nämlich A nur einen Teilbetrag von 300 M getilgt hat, so ist er nicht bloß in Höhe von 100, sondern von 240 M ausgleichungsberechtigt,[71])

---

[69]) Hruza a. a. O. S. 295 f.

[70]) Gemeint ist der Entwurf 2. Lesung. Dem § 369 entspricht § 426 des Gesetzbuches.

[71]) So mit Recht einhellig fast die gesamte Literatur, z. B.: Schollmeyer a. a. O. S. 431 f. f. Anm. 3b zu § 426. Rehbein a. a. O. Anm. 19 Abs. II

und er kann dann nicht 100 von den Genossen als Gesamtschuldnern, sondern 240 von den Genossen insgesamt, und zwar von jedem je 60 M fordern. Und, wenn A 300 M „überzahlt" d. h. nach Hruzas Auffassung: wenn er 500 M gezahlt hat, so kann er von jedem Mitschuldner je 100 M beanspruchen. Die Auffassung Hruzas fällt mit der Erkenntnis, daß er im Irrtum ist, wenn er meint, der auf Teilzahlung in Anspruch genommene Schuldner könne nur insoweit Ausgleichung verlangen, als die Teilzahlung seinen Kopfteil von der ganzen Summe übersteige.

Kremer [72]) dagegen greift die herrschende Lehre mit dem Hinweis an, daß sie dem Zahlenden zumute, zu wissen, ob jeder Mitschuldner auch zahlungsfähig sei und ob der Anteil überhaupt von ihm „erlangt" werden könne und meint — nicht gerade ganz mit Unrecht —, § 426 I S. 2, wonach die Mitschuldner dem zahlenden Genossen den Ausfall anteilig zu ersetzen haben, wenn dieser von einem Gesamtschuldner den auf ihn entfallenden Anteil nicht zu erlangen vermag, sei von der herrschenden Lehre kaum zu erklären. Auch sei das Rechtsverhältnis dann ohne rechte juristische Klarheit, weil bei ihm eigentlich nichts feststehe, als die Person des Gläubigers, während schwankend und unklar sei, welche und wie viele Personen die Schuldner und welcher Betrag die Schuldsumme sei.

Diese Gründe veranlassen ihn, eine gesamtschuldnerische Haftung der Ausgleichungspflichtigen anzunehmen, doch nicht in vollem Umfange, sondern nur in der Art, daß zwar „an sich alle ihm (dem Zahlenden) solidarisch haften," aber dennoch „ein jeder mit Leistung eines Teiles frei wird." [73]) Zu dieser Auffassung führt ihn die Annahme einer „Aktionenkonkurrenz", die bestehen soll zwischen dem internen Ausgleichungsanspruche, der gegen jeden auf einen Kopfteil gehe, und dem Subrogationsanspruche, mit der Wirkung, daß durch Tilgung des einen auch der andere Anspruch erlösche.

Wenn ich Kremer recht verstehe, so will er aus den beiden Prämissen:

1. Der Subrogationsanspruch ist ein gesamtschuldnerischer, der interne Ausgleichungsanspruch dagegen ein anteiliger und

2. Beide Ansprüche stehen zu einander in einem Konkurrenzverhältnisse, folgern, daß die Ausgleichungshaftung an sich eine ge-

---

zu den §§ 420—432. S. 459. Planck a. a. O. S. 217. Anm. 1 Abs. II zu § 426. Dernburg BGB. II 1, S. 378 § 163 Anm. 5. Goldmann-Lilienthal a. a. O. I S. 464 unter B Abs. I. Crome a. a. O. Bd. I S. 383 unter II 1. Cosack a. a. O. Bd. I, S. 390 oben. Endemann a. a. O. II, S. 900 unter 5 und daselbst Anm. 32. Kremer a. a. O. S. 185. Enneccerus-Lehmann a. a. O. Bd. I S. 578 unter C. A. M. nur: Örtmann a. a. O. S. 146 Anm. 1 Abs. IV zu § 426.

[72]) a. a. O. S. 788.

[73]) Kremer a. a. O. S. 198 unter C.

samtschuldnerische sei, aber jeder Gesamtschuldner durch Leistung seines Kopfteils frei werde.

Es kann dahingestellt bleiben, ob und in wie weit nach heutigem Recht begriffstechnische Bedenken gegen die Annahme einer gesamtschuldnerischen Haftung vorliegen, bei der die Haftenden sich durch Hingabe eines Kopfteiles befreien können. Denn der Kremer'sche Schluß ist irrig einmal, weil die 2. Prämisse unzutreffend ist, und sodann, weil die Schlußfolgerung sich nicht zwingend aus den Prämissen ergibt, vielmehr eine neue unzutreffende Behauptung enthält.

Wenn Kremer ein Konkurrenzverhältnis zwischen den beiden genannten Ansprüchen annimmt, so setzt er das Vorhandensein zweier verschiedener, selbständiger Ansprüche voraus. Er faßt also den Subrogationsanspruch als einen von dem „internen" Ausgleichungsanspruche verschiedenen Anspruch auf. In Wirklichkeit aber gibt es nur *einen einzigen* Ausgleichungsanspruch, und die bezeichneten Ausdrücke haben nur die Bedeutung juristischer Hilfsbegriffe, nicht aber die selbständiger Ansprüche. [74])

Freilich stimme ich Kremer ohne jeden Vorbehalt darin bei, daß die Gesamtschuld als eine Summe von Obligationen und nicht etwa als eine einzige Obligation mit mehrfach subjektiver Beziehung aufzufassen ist. Auch ist seine hierfür gegebene Begründung in allen Punkten zutreffend. Allein es ist irrig, wenn Kremer damit die Möglichkeit eines selbständigen Subrogationsanspruches für dargetan erachtet. Zwei Gesichtspunkte, die sich beide unmittelbar aus dem Wesen der Gesamtschuld ergeben, stehen dem entgegen:

Das Wesen der Vertragsgesamtschuld — diese allein steht hier in Frage — ist aus § 421 zu entnehmen und läßt sich dahin charakterisieren, daß zu ihrem Begriff erforderlich und ausreichend ist, daß sich die Forderung des Gläubigers gegen *jeden* Schuldner richtet, und zwar gegen jeden in *gleicher Weise* auf das *gleiche Ganze*. Wenn also A, B und C dem X als Gesamtschuldner auf 1000 haften, so bestehen freilich begrifflich 3 Schuldverhältnisse und 3 Forderungen des X. Aber der Inhalt aller 3 Forderungen ist identisch [75]) und

---

[74]) A. M. Kremer a. a. O. S. 67—72, 185 f. Oertmann a. a. O. Anm. 4 b zu § 426. Planck a. a. O. Bd. II Anm. 3 zu § 426. Dernburg BGB. Bd. II 1 S. 374, 380.

Die Möglichkeit des Vorhandenseins mehreren selbständiger Ausgleichungsansprüche scheint mir aber *schlechthin* geleugnet werden zu müssen.

[75]) Notwendig identisch ist stets der *wesentliche* Inhalt. Gewisse Modifikationen nebensächlicher Art sind zulässig. So kann ein Gesamtschuldner unbedingt, der andere unter einer Bedingung verpflichtet sein, der eine kann sofort verpflichtet während dem anderen gestundet ist usw. Wo die Grenze ist, kann nur von Fall zu Fall entschieden werden, da es ein allgemeines Prinzip, nach dem entschieden werden könnte, ob trotz vorhandener Abweichungen die Identität des Inhalts noch gegeben ist, nicht gibt. Vgl. darüber Fischer, Problem der Identität und Neuheit S. 21 ff, insbesondere S. 28/29 und S. 73.

geht gegen einen jeden der drei Schuldner dahin, daß A oder B oder C die gleichen 1000 leiste.[76])

Die Gesamtschuld bietet — das scheint mir vielfach übersehen zu werden — ein vollendetes Analogon zu der Alternativobligation. Was diese in objektiver Hinsicht ist, bedeutet sie in subjektiver Beziehung. Wie dort eine Person die eine oder die andere Leistung schuldet, so wird hier die Leistung von dieser oder jener Person geschuldet. Wie dort der Schuldner, so hat hier der Gläubiger nach § 421 das Wahlrecht, das aber insofern eingeschränkt ist, als noch jeder Mitschuldner die Leistung anbieten und den Gläubiger mit Wirksamkeit gegen den in Anspruch genommenen Genossen in Annahmeverzug setzen kann (424). Die Gesamtschuld erscheint hiernach gewissermaßen als eine subjektive Alternativobligation mit Wahlrecht des Gläubigers und alternativer Ermächtigung der nicht in Anspruch genommenen Mitschuldner.[77])

Aus dem Wesen der Vertragsgesamtschuld folgt ein doppeltes:

1. Daß durch Leistung des einen Schuldners auch die übrigen befreit werden. Zum Überfluß hat § 421 dies besonders bestimmt. Jedes Schuldverhältnis erlischt ja durch Erfüllung Denn diese erschöpft seinen Inhalt und Zweck. Da nun, wenn A, B und C dem X auf 1000 haften, die Verpflichtung eines jeden immer gleichmäßig nur darauf geht, daß er selbst oder einer der Schuldgenossen leiste, so erschöpft offenbar die Leistung eines der Schuldner das ganze Schuldverhältnis, sodaß weder der leiseste Hauch einer Leistungspflicht irgend eines Schuldners, noch eine Spur eines Gläubigeranspruchs

---

[76]) Die Forderungen des X erscheinen somit sämtlich gewissermaßen bedingt. So ist z. B. A allerdings anf 1000 verpflichtet, aber nur, wenn nicht B oder C sie zahlt. Ebenso ist C auf 1000 verpflichtet, es sei denn daß A oder B sie zahle. Wie aber das bedingte Rechtsgeschäft vom unbedingten wesentlich verschieden ist, so unterscheidet sich auch die Gesamtschuld nach ihrem inneren Wesen von Schulden anderer Art. Als solche „andere Art“ kommt streng genommen nur die Alleinschuld in Frage. Denn die Teilschuld im Sinne des § 420 ist begrifflich von der Alleinschuld nicht verschieden, da ja ein jeder nur seinen Teil schuldet und zwar ein jeder einen anderen Teil.

Wenn A B und C dem X 1000 schulden, so sind sie entweder Teilschuldner d. h. Alleinschuldner von je $333\frac{1}{3}$ M, oder aber Gesamtschuldner, d. h. „bedingungsweise“ Schuldner von vollen 1000 M. Beide Fälle sind nach Begriff und Wesen total verschieden. Die Gesamtschuld ist keineswegs eine Summe von Teilschulden. Daher kann sie auch nicht in Teilschulden zerlegt werden. Sie ist auch nicht eine Summe selbständiger Singularobligationen und duldet daher auch keine Zerlegung in subjektiver Hinsicht, also keine Zerlegung in eine Forderung gegen A und eine weitere Forderung gegen B+C.

[77]) Von Herrn Geheimrat Leonhard aufmerksam gemacht, finde ich nachträglich, daß Fitting den gleichen Gedanken bereits 1859 für die römischen Korrealobligationen ausgesprochen hat. Vgl. Fitting a. a. O. S. 136 ff. Nach den Anmerkungen 167 u. 168 daselbst haben vor ihm schon Hertius und Girtanner für das röm. R. und Koch für das preußische Recht auf diese Analogie aufmerksam gemacht, wenn auch nicht alle mit der gehörigen Klarheit.

bestehen bleibt. Schon deshalb kann von einem wirklichen Forderungsübergange und einem selbständigen Subrogationsanspruche nicht die Rede sein.

2. Daß die Gesamtschuld begrifflich eine Einheit bildet. Undenkbar ist insbesondere eine Trennung in eine „gegen den Zahlenden" und eine „gegen die übrigen Schuldner" gerichtete Forderung. Kann man doch auch, wenn ein Schulder alternativ ein Pferd, einen Esel oder einen Affen schuldet, die Forderung des Gläubigers nicht zerlegen in eine solche, vermöge deren das Pferd und eine andere kraft deren der Esel oder der Affe gefordert werden kann.

Auch aus diesem Gesichtspunkte heraus leuchtet ein, daß § 426 II S. 1 einen wirklichen Forderungsübergang nicht im Auge haben kann. Ich kann vielmehr nichts anderes darin erblicken, als eine gesetzlich sanktionierte Fiktion. Tatsächlich gibt es nur einen Ausgleichungsanspruch, der begründet ist, durch § 426 I S. 1, der aber eine Modifikation erfährt durch § 426 II S. 1, kraft dessen fingiert wird, daß in dem Ausgleichungsanspruche die ursprüngliche Forderung des Gläubigers fortlebe. Dies darf aber nicht mißverstanden werden. Es soll nicht heißen, daß der Gesetzgeber verlange, daß die Forderung des Gläubigers als fortbestehend anerkannt werde, denn ein solches Verlangen verstieße gegen die gesunde Vernunft. Es bedeutet vielmehr lediglich: daß der Ausgleichungsanspruch nach dem Willen des Gesetzgebers dieselbe Rechtsnatur haben soll, die er haben würde, wenn in ihm jene erloschene Gläubigerforderung fortlebte.[78]) Vermöge dieser gesetzlichen Fiktion kann der Zahlende gegebenenfalls die dem Gläubiger zustehenden Nebenansprüche geltend machen, und die Erreichung dieses Zieles mag wohl für den Gesetzgeber die Veranlassung für die Einführung der Fiktion des § 426 II S. 1 gewesen sein.

Es erscheint nun zwar nicht unzulässig, von einem Subrogations- und einem internen Ausgleichungsanspruche zu reden. Dann aber muß man sich dessen wohl bewußt bleiben, daß damit lediglich

[78]) Auf die wahre Bedeutung der Fiktion hat zuerst Bülow im Archiv f. ziv. Praxis Bd. 62 S. 6 ff. hingewiesen. Seine Ausführungen sind klar und überzeugend. Es ist richtig, daß kein Gesetzgeber befehlen kann, daß etwas Unwahres wahr werde und als wahr betrachtet werde. Er kann nur befehlen, daß in einem gegebenen Falle diejenigen Rechtsfolgen eintreten sollen, welche eintreten müßten, wenn das Unwahre wahr wäre. Etwas anderes verlangt der Gesetzgeber aber auch gar nicht, wenn er seinen Gesetzesbefehl in die Form einer Fiktion kleidet.

Richtig ist auch, daß mit der Erkenntnis, daß eine gesetzl. Fiktion vorliege, noch nicht viel gewonnen ist, daß es vielmehr gilt, aus der fiktiven Gesetzesfassung den wahren Kern herauszuschälen. Und dieser Kern ist hier: Das gesetzliche Schuldverhältnis, kraft dessen die Ausgleichung verlangt werden kann, erhält eine Ausgestaltung bestimmter Art und der Ausgleichungsanspruch erhält einen bestimmten Inhalt, nämlich den, den er haben müßte, wenn die Gläubigerforderung nicht erloschen, sondern auf den Zahlenden übertragen worden wäre. Vgl. Fischer Recht und Rechtsschutz S. 24, sowie Fischer Preuß. Privat-R. S. 23.

juristische Hilfsbegriffe, nicht aber 2 selbständige Ansprüche gemeint sind. Solche gibt es nicht, und es fehlt daher an der Möglichkeit einer „Konkurrenz“, wie sie von Kremer angenommen wird, sodaß dessen Auffassung schon aus diesem Grunde nicht haltbar sein dürfte.

Die Unhaltbarkeit wird sich aber vollends durch eine Betrachtung der Schlußfolgerung selbst ergeben. Diese enthält eine Behauptung, nämlich die: die an sich anteilige interne Ausgleichungshaftung wird (wohl infolge der Konkurrenz mit dem gesamtschuldnerischen Subrogationsanspruche?) zu einer gesamtschuldnerischen.

Diese Behauptung ist irrig. Sie scheitert an dem „Nachsatze“ des § 426 II S. 1, wonach die Forderung des Gläubigers nur „insoweit“ übergehen soll, als ohnehin Ausgleich verlangt werden kann. Daraus folgt, daß mit Hilfe der Subrogation keinesfalls mehr erlangt werden kann, als schon mit Hilfe des „internen“ Ausgleichungsanspruchs erlangt werden könnte. Die Haftung kann also, wenn sie nicht schon kraft des § 426 I S. 1 eine gesamtschuldnerische ist, nicht kraft des § 426 II S. 1 zu einer solchen werden. Damit erweist sich Kremers Mittelmeinung ohne weiteres als unhaltbar. Denn es gibt nur eine Alternative: entweder ist der interne Ausgleichungsanspruch nur ein anteiliger — dann ist es unmöglich, daß er sich infolge des § 426 Abs. II S. 1 in einen gesamtschuldnerischen verwandeln könne, oder aber der interne Ausgleichungsanspruch ist an sich schon ein gesamtschuldnerischer — dann entfällt unbedingt die von Kremer angenommene Konkurrenz und damit wird die von ihm befürwortete Einschränkung der gesamtschuldnerischen Haftung unerklärlich.

Da sich somit auch die Kremer'sche Auffassung im einen wie im andern Falle als unhaltbar erweist, so bleiben nur 2 Auffassungen zur Wahl: entweder haften die Mitschuldner für den Ausgleichungsanspruch gesamtschuldnerisch und zwar in voller Höhe, oder aber sie haften überhaupt nicht gesamtschuldnerisch, sondern nur nach Anteilen.

a) Unter den Kommentatoren hat früher nur Ebert[79]) die erstere Auffassung vertreten, jedoch ohne eine nähere Begründung dafür zu geben, und in den neueren Auflagen hat auch Ebert diese Meinung aufgegeben. In Lehrbüchern findet sie sich auch nicht vertreten, und unter den mir bekannten einschlägigen Monographien hat nur Oßwald[80]) diese Auffassung verteidigt. Seine Begründung gipfelt in den Sätzen:

> „Wie sollte das Gesetz dazu kommen, die Forderung des bisherigen Gläubigers plötzlich in eine Anzahl von Teilforderungen zu zerlegen, lediglich auf Grund der Tatsache, daß

---

79) Vgl. Ebert. a. a. O. 2. Aufl. Anm. 3 zu § 426 mit der 7. Auflage daselbst Anm. 6.

80) Oßwald a. a. O. S. 31.

ein Anderer der Berechtigte wird? Das Gesetz sagt: Die Forderung des Gläubigers gegen die übrigen Schuldner geht über. Diese Forderung ist eine gesamtschuldnerische, also bleibt es sie auch."

Diese Begründung beweist, daß der Verfasser den wichtigen Nachsatz, wonach die Forderung nur insoweit übergehen soll, als der Schuldner ohnehin Ausgleichung verlangen kann, außer acht gelassen hat. Schon aus diesem Grunde läßt sich mit der Begründung nichts anfangen, sodaß dahingestellt bleiben kann, ob und wie weit sie auf einer Verkennung des Wesens des angeblichen Subrogationsanspruches beruht.

b) Wenn man nun diejenigen Schriftsteller ins Auge faßt, welche der herrschenden Lehre [81]) eine Begründung geben, so erscheint es auf den ersten Blick so, als führe ein jeder von ihnen einen andern Grund an. Eine genauere Betrachtung lehrt aber, daß im großen Ganzen alle Gründe ihrem innersten Wesen nach gleich sind:

1. Örtmann meint, wenn auch die Mitschuldner ursprünglich solidarisch hafteten, so folge daraus nicht, daß sie dem Ausgleichberechtigten ebenso haften müßten, da ja der Anspruch des Gläubigers nicht schlechthin auf diesen übergehe, sondern nur, soweit eine Ausgleichungspflicht ohnehin bestehe. Und da diese nicht in solidum, sondern nur pro parte bestehe, so könne auch mit der actio cessa nicht mehr erreicht werden.

2. Stammler betrachtet die mehreren Gesamtschuldner mit Rücksicht auf § 426 I als Mitglieder einer Gemeinschaft und folgert, daß, wie die Gemeinschafter von vorn herein im Verhältnisse zu einander nur zu gleichen Anteilen haften so auch die Gesamtschuldner.

3. Planck verneint die gesamtschuldnerische Haftung deshalb, weil die Forderung des Gläubigers nach § 426 II nur in so weit übergehe, als der Zahlende ohnehin Ausgleich verlangen könne. Der Umfang dieses Ausgleichungsanspruchs könne durch den Forderungsübergang nicht vergrößert werden, was bei Annahme solidarischer Haftung aber der Fall sein würde.

---

[81]) Vertreten wird die herrschende Lehre u. a. von Dernburg BGB. II S. 379 f. Cosack a. a. O. I S. 390. Crome a. a O. II S. 383. Landsberg a. a. O. I S. 382. Rehbein a. a. O. II S. 459 Anm. 19, Abs. I. Endemann a. a. O. I S. 900. Enneccerus-Lehmann a. a. O. I S. 578. Eine Begründung geben alle diese Autoren nicht. Dagegen wird die herrschende Lehre unter Angabe von Gründen vertreten von Planck a. a. O. III. Aufl. Bd. II S. 319, Anm. 3. Oertmann a. a. O. S. 147, Anm. 4b. Stammler a. a. O. S. 251. Michelsen a. a. O. S. 57 und Schollmeyer a. a. O. S. 433, Anm. 4. Schollmeyers Begründung ist freilich nicht einleuchtend. Er meint nämlich, aus dem Zwecke des § 426 I S. 1, der dahin gehe, dem zahlenden Mitschuldner den Regreß zu erleichtern folge schon, das keine solidarische Haftung eintreten könne. Das ist aber nicht richtig.

Der herrschenden Lehre ist auch das Reichsgericht Bd. 52 S. 223 in der Entscheidung Nr. 58 am Schluß beizutreten.

4. Michelsen führt 2 Gründe an. Der eine deckt sich im wesentlichen mit dem von Planck angegebenen. Er meint, das Gesetz würde mit sich selbst in Widerspruch treten, wenn man Solidarhaftung annehmen wollte, da die actio cessa mit dem als anteilige Forderung konstruierten internen Ausgleichungsansprüche „in Beziehung stehe“.[82])

Den andern Grund erblickt dieser Autor in der nach der gegenteiligen Ansicht zu befürchtenden „endlosen Kette von Regressen“.

Diesem letzten Grund kommt ein Gewicht nicht zu. Ich kann mir wohl vorstellen, daß der Regreß sich unter besonderen Umständen, so z. B., wenn eine große Zahl von Mitschuldnern vorhanden ist, deren Zahlungsfähigkeit erheblichen Schwankungen unterliegt, als ein langwieriges Geschäft darstellen kann, falls man solidarische Ausgleichungshaftung annimmt. Allein im gleichen Falle würde sich das Geschäft nach der herrschenden Auffassung nicht nur nicht als einfacher, sondern sogar als noch langwieriger darstellen. Dieser Grund will also gar nichts oder doch jedenfalls nur sehr wenig besagen.

Die übrigen Begründungen beruhen auf ein- und demselben Grundgedanken, daß nämlich der „interne“ Ausgleichungsanspruch ein anteiliger, nicht ein gesamtschuldnerischer ist. Der Unterschied liegt lediglich darin, daß Stammler in die Tiefe steigt und den Grundgedanken durch den Hinweis auf das Gemeinschaftsverhältnis begründet, es dem Leser überlassend, die Folgerungen selbst zu ziehen, während Planck und Oertmann, sowie auch Michelsen aufwärts steigen und unter Hinweis auf den Nachsatz im § 426 II S. 1 darlegen, daß der Grundgedanke keine Änderung erfahre. Und der Nachsatz hat in der Tat die angegebene Wirkung: Wenn der Ausgleichanspruch an sich nur ein anteiliger ist, so bleibt es dabei. Er kann durch § 426 II S. 1 nicht zu einem gesamtschuldnerischen verändert werden.

Eine Prüfung kann sich daher auf die Frage beschränken, ob der Ausgleichungsanspruch an sich (d. h. der sog. „interne“ Anspruch) vom Gesetz als ein nur anteiliger gewollt ist. Das scheint mir aber mit der herrschenden Lehre bejaht werden zu müssen, wenngleich nicht geleugnet werden kann, daß auch Gründe für die Verneinung sprechen, so insbesondere § 426 I S. 2, wonach ein Beitrag, der von einem Gesamtschuldner nicht verlangt werden kann, von den übrigen Genossen zu tragen ist. Denn bei Annahme solidarischer Ausgleichungshaftung wäre diese Bestimmung ohne weiteres erklärt, während sie bei der gegenteiligen Annahme erhebliche Schwierigkeiten macht. Es kann dahingestellt bleiben, ob die herrschende Lehre schon durch die von Stammler gegebene Begründung getragen wird. Entscheidend scheint

---

[82]) Diese Begründung gibt, wie mir scheint, denselben Gedanken, wie die von Planck (und auch Oertmann), nur in schlechterer Fassung, wieder.

mir zu sein, daß die Annahme bloß anteiliger Haftung der Fassung des § 426 I S. 1 am meisten entspricht, also die nächstliegende ist, und daß sie auch dem § 426 I S. 2 nicht absolut widerspricht.

Die nächstliegende Auslegung muß so lange als richtig gelten, als sich mit ihr ein vernünftiger Sinn verbinden läßt, es sei denn, daß sie mit anderen Gesetzesvorschriften in unlösbarem Widerspruche stände. Letzteres ist aber nicht der Fall.

Denn der Widerspruch mit § 426 I S. 2 ist, wenn auch schwer zu lösen, so doch nicht unlösbar. Man kann nämlich so erklären, daß man annimmt, die Bestimmung schaffe einen von dem Ausgleichungsanspruche unabhängigen besonderen gesetzlichen Anspruch.

Es kommt oft vor, daß das Gesetz ohne Zutun der Parteien an einen bestimmten objektiven Tatbestand gewisse Rechtsfolgen knüpft. Es ist keineswegs ungewöhnlich, daß jemand ohne sein Zutun ein Forderungsrecht gegen einen andern erwirbt, weil eben das Gesetz an einen bestimmten ohne Wollen der Parteien geschaffenen Tatbestand bestimmte Ansprüche geknüpft hat. So ist es auch hier. Die Tatsache, daß der Zahlende von dem einen oder dem andern Mitschuldner den Kopfteil nicht erlangen kann, schafft ohne weiteres den neuen Anspruch des Zahlenden gegen den Rest der Mitschuldner, daß sie zusammen mit ihm selbst den Ausfall anteilig tragen, und ihm nochmals die entsprechenden Quoten zahlen.

Der Übergang der Forderung des Gläubigers soll nicht zu dessen Nachteil geltend gemacht werden können. So bestimmt es § 426 II S. 2. Die Fiktion des § 426 II S. 1 soll also entfallen, soweit aus ihr dem Gläubiger nachteilige Schlüsse gezogen werden müßten. Ob ein Nachteil in einem gegebenen Falle vorliegen würde, und in welcher Weise demnach die Wirksamkeit der Fiktion einzuschränken ist, muß nach den Umständen des Falles geprüft werden. Die wichtigsten Einschränkungen hat Stammler dargestellt.[83])

§ 7.

Fortsetzung. Charakter des Ausgleichungsanspruchs des Mitbürgen.

Da § 774 II bestimmt: Mitbürgen haften einander nur nach § 426, so kann es nicht gut in Zweifel gezogen werden, daß die für den Ausgleich unter Gesamtschuldnern gefundenen Ergebnisse schlechthin

[83]) Nach Stammler a. a O. S. 204 f. äußert der Satz 2 des § 426 II seine Wirkungen in dreifacher Hinsicht und bedeutet: 1. Der gesetzliche Cedent haftet dem Cessionar nicht, insbesondere nicht für die Bonität und Verität der Forderung. 2. Er hat nicht schlechthin die Pflichten des vertragsmäßigen Cedenten. Unter Umständen kann er also die Auskunfterteilung, die Herausgabe der Beweisurkunden usw. verweigern. 3. Zahlt der „Cessionar" die Schuld nur teilweise,

auf das Mitbürgenverhältnis zu übertragen sind, wie ja auch bereits für das ältere deutsche Recht diese Übertragbarkeit anzunehmen war.[84]) Von diesem Standpunkte aus ergibt sich:

1. Der zahlende Bürge hat im Zweifel gegen seine Mitbürgen einen Ausgleichungsanspruch und zwar ohne Rücksicht darauf, ob sie sich zusammen verbürgt haben oder nach einander.

2. Es besteht nur ein einziger, einheitlicher Ausgleichungsanspruch, nicht etwa zwei verschiedene, selbständige nebeneinander, also nicht ein „interner" und ein „Subrogations"-Anspruch.

3. Die Ausgleichungshaftung der Mitbürgen ist nur eine anteilige.

4. Der Anteil ist im Zweifel für jeden Mitbürgen ein gleicher, d. h. ein Kopfteil.

5. In Höhe des Ausgleichungsanspruchs geht die Forderung des Gläubigers gegen den Mitbürgen auf den zahlenden Bürgen über. Das heißt aber nur: Es wird fingiert, daß die Forderung des Gläubigers in dem Ausgleichungsanspruche fortlebe. Und dies bedeutet: das Gesetz verlangt, daß der Ausgleichungsanspruch sich so gestalten soll, wie er sich gestalten würde, wenn die erloschene Gläubigerforderung nicht erloschen, sondern auf den Ausgleichungsberechtigten übergegangen wäre.

6. Der Übergang der Forderung kann nicht zum Nachteil des Gläubigers geltend gemacht werden, d. h. auf jene Fiktion können solche Ansprüche, die den Gläubiger direkt oder indirekt benachteiligen würden, nicht gestützt werden.

7. Soweit der Anteil von einem Mitbürgen nicht erlangt werden kann, ist der Ausfall von den übrigen ausgleichpflichtigen Mitbürgen anteilig zu tragen.

Daß die Ergebnisse der Erörterung des § 426 auf das Mitbürgenverhältnis schlechthin übertragen werden könnten, wird bestritten von Kremer, der m. W. der einzige Schriftsteller ist, der sich mit dieser Frage eingehender befaßt hat. Nach seiner Auffassung tritt nämlich der Bürge nicht auf Grund des § 426 II: 774 II in ein Rechtsverhältnis zu seinen Mitbürgen, sondern auf Grund des § 774 I: 412: 401. Obwohl § 774 II den ganzen § 426 in Bezug nimmt, so meint Kremer doch, daß nur § 426 I gemeint sei, da der Bürge die Ansprüche gegen seine Mitbürgen schon nach § 774 I: 401 als Akzessorien der Hauptforderung erwerbe.

Diese Auffassung würde auch zutreffen, wenn nicht das Gesetz eine besondere Bestimmung im entgegengesetzten Sinne getroffen hätte.

---

so geht die Restforderung des Gläubigers (des „gesetzlichen Cedenten") dem Anspruch des Cessionars im Range vor.

Neuerdings hat Schulz a. a. O. S. 88—101 dem § 426 II S. 2 eine eingehende Untersuchung gewidmet, deren Ergebnis er S. 93 dahin zusammenfaßt, daß § 426 II S. 2 eine Rangordnung zwischen Regreß- (besser: Ausgleichs-!) Forderung und Restforderung des Gläubigers aufstelle.

[84]) Vgl. Stobbe d. Privatrecht III § 221 u. 238.

Denn, wie oben dargelegt wurde, geht in der Tat der Anspruch aus einer Bürgschaft im Zweifel auf den Erwerber der durch sie gesicherten Forderung mit über. Aber, eben auch nur „im Zweifel", also dann nicht, wenn das Gesetz ein anderes bestimmt hat. Und es hat hier ein anderes bestimmt — und zwar im Abs. II des § 774, und darin liegt die große Bedeutung dieser Bestimmung.

I. In § 774 II heißt es ja, daß Mitbürgen einander nur nach § 426 haften. Man pflegt zu sagen[85]), daß das eine Einschränkung des § 774 Abs. I bedeute. Das ist nicht richtig, wenn man damit sagen will, daß 774 II den Abs. I dahin modifiziere, daß der zahlende Bürge die gezahlte Summe von den Mitbürgen nicht ganz, sondern nur teilweise ersetzt verlangen könne. Der Abs. II bedeutet vielmehr eine Einschränkung des Abs. I in dem Sinne, daß er dessen Anwendbarkeit auf das Mitbürgenverhältnis völlig ausschließt. Denn die Mitbürgen sollen einander ja „nur" nach § 426 haften d. h. ihre gegenseitigen Rechtsbeziehungen sollen sich ausschließlich nach § 426 regeln. Und in § 426 finden sie auch in der Tat ihre vollständige und abgeschlossene Regelung, sodaß daneben gar kein Raum bleibt für eine Anwendung des § 774 I u. 401. Denn durch den auf die Mitbürgschaft zu übertragenden § 426 I ist der Ausgleichungsanspruch des zahlenden Bürgen begründet, und nach § 426 II gestaltet sich dieser Anspruch gerade so, als sei die gegen die Mitbürgen gerichtete Forderung des Gläubigers auf den zahlenden Bürgen übergegangen. Damit ist das Rechtsverhältnis des Mitbürgen untereinander erschöpfend geregelt, sodaß nicht abzusehen ist, inwieweit § 774 I, der ja seinem Wortlaute nach nur das Verhältnis des Bürgen zum Hauptschuldner im Auge hat, für das Mitbürgenverhältnis überhaupt in Frage kommen könnte. Denn — nochmals sei das bedeutsame Wörtchen hervorgehoben — „nur" nach § 426 richtet sich das Rechtsverhältnis des zahlenden Bürgen zu seinen Mitbürgen.

II. Es besteht also kein Widerspruch zwischen den §§ 774 I und 426 II, indem die Forderung sowohl nach der einen, als nach der andern Bestimmung übergehe, nur in verschiedenem Umfange, je nachdem man die eine oder die andere Bestimmung anwende. Mit Unrecht nimmt Kremer[86]) einen solchen Widerspruch an. Freilich ist für beide Normen nebeneinander kein Raum. Dies hat auch Kremer wohl erkannt, aber leider schließt er statt des § 774 I den § 426 II aus, obwohl das bedeutsame Wörtchen „nur" im § 774 II ihn zu einer Ausschaltung des § 774 I hätte führen sollen.

Freilich wird Kremer nur dadurch zu seinem Fehlgriff verführt, daß er in Übereinstimmung mit der gesamten bisherigen Literatur

---

[85]) Vgl. die Kommentare zu § 774.

[86]) Kremer a. a. O. S. 186.

dem § 401 eine unrichtige Auslegung zuteil werden läßt. Wenn er[87]) ausführt:

„Der Eintritt (nämlich des zahlenden Bürgen in die Bürgschaftsforderungen des Gläubigers) vollzieht sich nicht nach § 426, sondern als notwendige Folge seiner Subrogation in die Forderung gegen den Hauptschuldner,"

so ist das eine in der Literatur zwar allgemein verteidigte, aber nichts desto weniger verfehlte Auffassung. Und, wenn Kremer dann fortfährt:

„Mit der Hauptschuldforderung müssen nach § 401 BGB., der ja nach § 412 auch auf Fälle gesetzlicher Übertragung, wie 774 I, Anwendung findet, alle Nebenrechte schon dem Begriffe nach übergehen, und zwar ausnahmslos und ohne Einschränkung,"

so beweist eben diese Ausführung die Richtigkeit dessen, was ich oben behauptet habe, daß man nämlich unbewußt den § 401 als zwingendes Recht behandelt, obwohl er es nicht ist.

III. Einen unlösbaren Widerspruch will man auch zwischen § 774 II u. 426 einerseits und 769 u. 422 andererseits finden.[88])

§ 769 bestimmt, daß die Mitbürgen dem Gläubiger als Gesamtschuldner haften, und der demgemäß anzuwendende § 422, daß die Erfüllung durch einen Mitbürgen auch für die übrigen Mitbürgen wirkt. Die letzteren Normen verordnen also die gesamtbefreiende Wirkung der Zahlung d. h. den Untergang der Forderung, wogegen erstere den Übergang der „getilgten" Forderung auf den zahlenden Bürgen, d. h. ihren Fortbestand festsetzen.

Allein, man kann mit Recht bestreiten, daß ein Widerspruch überhaupt vorliege. Denn der „Übergang" der gegen die Mitbürgen gerichteten Forderung ist ja, wie oben dargelegt wurde, nichts anderes, als eine Fiktion. Von einem wirklichen Übergange dieser Forderung kann nicht die Rede sein, sondern nur davon, daß der Ausgleichungsanspruch nach dem Willen des Gesetzgebers sich so gestalten soll, wie er sich gestalten würde, wenn die erloschene Forderung nicht erloschen wäre, sondern in ihm fortlebte. Wenn man dem freilich nicht zustimmen wollte, so läge allerdings ein Widerspruch vor. Dieser wäre freilich nicht unähnlich dem bereits oben im § 2 erörterten Widerspruche, den § 774 I S. 1 in einem einzigen Satze vereinigt. Allein auf dem dort bezeichneten Wege dürfte dieser Widerspruch wohl nicht zu lösen sein.[89])

---

87) Kremer a. a. O. S. 202. Ähnlich kraß tritt die Verkennung der Bedeutung des § 401 bei Koban a. a. O. S. 206 hervor.

88) Vgl. Kremer a. a O. S. 186, 187.

89) Möglicherweise läßt sich auf dem von Hartmann a. a. O. S. 46 ff. konstruierten Wege das Ziel erreichen. Wie schon im § 2 unter I 5 ausgeführt wurde,

Gegen diese Auffassung kann man auch nicht, den Einwand erheben, sie befinde sich in einem circulus vitiosus, indem ja auch § 426 II S. 1 den Übergang der Forderung des Gläubigers festsetze, und man daher auch hier sagen müsse, daß im Zweifel die Forderungen gegen die Mitbürgen nach § 401 übergingen und daß auf diesem Umwege § 401 wieder hervortrete. Denn der § 426 II S. 1 lautet, auf das Verhältnis der Mitbürgen übertragen, wie folgt:

> „Soweit ein Mitbürge den Gläubiger befriedigt, und von den übrigen Mitbürgen Ausgleichung verlangen kann, geht die Forderung des Gläubigers gegen die übrigen Mitbürgen auf ihn über."

Hiernach ist für den Regelfall d. h. dann, wenn nur Mitbürgen als Sicherungsmittel in Frage stehen, und sonstige „Nebenrechte" im Sinne des § 401 nicht vorliegen, eine Anwendbarkeit des § 401 ausgeschlossen. Denn § 426 regelt ja schon den Übergang der Ansprüche aus den mehreren Bürgschaften, also die Ansprüche aus den Akzessorien, sodaß für § 401 hier gar kein Raum ist. Um neben dem § 426 für ihn Raum zu schaffen, muß man sich schon ein Akzessorium zu der Bürgschaft, also eine Nebenforderung zu dieser Nebenforderung denken, und, wo eine solche — was nicht undenkbar ist — vorliegt, da tritt § 401 natürlich neben § 426 II in seine Rechte. So z. B. im Falle einer After- oder Nachbürgschaft, also dann, wenn sich jemand dem Gläubiger dafür verbürgt hat, daß ein Bürge seiner Bürgenpflicht nachkommen werde. Im Zweifel geht hier der Anspruch des Gläubigers gegen den Nachbürgen mit auf den zahlenden Bürgen über, sodaß er diesem dafür haftet, daß der betreffende Mitbürge ihm auch seinen Anteil leistet. In diesem Falle — der möglicherweise der einzige dieser Art ist — geht der Anspruch des Gläubigers gegen die Mitbürgen nach § 774 II u. 426 II S. 1 auf ihn über, während dessen Anspruch gegen den Nachbürgen durch die Bestimmungen der §§ 774 II u. 426 II S. 1, 412, 401 auf ihn übergeleitet wird. Hier, wo ein Raum für § 401 gegeben ist, greift er ohne weiteres ein und, daß er nach der hier vertretenen Auffassung zur rechten Zeit zur Ausfüllung der sich bietenden Lücke bereit und geeignet erscheint, spricht gewiß nicht dagegen, daß die Auffassung zutreffend sei.

---

legt Hartmann nur derjenigen Zahlung volle Tilgungswirkung bei, die alle Zwecke der Obligation erfüllt. Ob aber die Zahlung eines Gesamtschuldners als eine solche nicht alle Zwecke erfüllende und daher „relativ" im Sinne von „beschränkt" wirkende gelten kann? Vielleicht ja. Eine Entscheidung soll nicht getroffen werden, da sie sich nach der im Text vertretenen Auffassung erübrigt.

§ 8.

Die akzessorische Natur des Ausgleichungsanspruchs.

I. Wie die Forderung des Gläubigers gegen den Bürgen von seiner Forderung gegen den Hauptschuldner abhängig ist, oder wie, anders ausgedrückt, die Bürgenpflicht als ein Akzessorium der Hauptverpflichtung erscheint, so ist auch der Ausgleichungsanspruch des zahlenden Bürgen akzessorisch, und zwar zu seinem Regreßrecht gegen den Hauptschuldner. Denn einmal ist diese Regreßforderung nichts anderes, als die Hauptforderung des Gläubigers. Diese ist nach § 774 I auf den zahlenden Bürgen übergegangen, und bildet eine Grundlage für seinen Regreß. Sodann begründet § 426 II S. 1 für die Ausgleichungsforderung die Fiktion, daß in ihr die früheren Bürgschaftsforderungen des Gläubigers fortleben. Da diese nun zu der im Regreßanspruche fortlebenden Hauptforderung akzessorisch waren, so scheint die Folgerung, daß nun die Ausgleichungsansprüche dem Regreßrechte akzessorisch seien, sich von selbst zu ergeben.

Die Akzessorität der Ausgleichungsansprüche kann keinesfalls von denen geleugnet werden, welche im § 426 II S. 1 nicht einen fingierten, sondern einen wirklichen Forderungsübergang erblicken. Denn bei dieser Auffassung erscheinen die Ausgleichungsansprüche nur als Teile der ursprünglichen Bürgschaftsforderungen, deren akzessorische Natur feststeht und durch den Übergang auf den zahlenden Bürgen nicht verloren gehen kann.

Aber auch dann, wenn man mit mir lediglich eine Fiktion darin erblickt, kann der akzessorische Charakter nicht gut in Frage gestellt werden. Denn § 426 II S. 1 läßt klar erkennen, daß er den — nach meiner Auffassung einheitlichen — Ausgleichungsanspruch mit denjenigen Charaktereigenschaften bekleiden will, welche zuvor den Bürgschaftsforderungen zu eigen waren. Und so bekleidet er ihn denn auch tatsächlich mit allen seinen Charaktereigenschaften, mit Ausnahme einer einzigen: zu einer gesamtschuldnerischen Haftung kann er die Ausgleichshaftung nicht gestalten. Doch würde er auch dieses vermögen, wenn nicht der „Nachsatz" („soweit . . . .") dies verhinderte.

Es kann hiernach wohl als feststehend angesehen werden, daß, wie die Bürgschaftsforderungen der Hauptschuld, so die Ausgleichungsansprüche dem Regreßrecht akzessorisch sind.

II. Die Frage, ob diese akzessorische Natur besteht[90]) oder nicht, ist von großer praktischer Bedeutung. Denn aus ihr ergeben sich zahlreiche Konsequenzen, von denen die bedeutsamsten hier hervorgehoben werden mögen:

---

[90]) Die akzessorische Natur der Ausgleichungsforderungen nimmt auch Koban an. Vgl. a. a. O. S. 152 ff. insbesondere S. 155 oben und S. 175.

1. Die Ausgleichungsansprüche bestehen nicht, wenn die Regreßforderung aus irgend einem Grunde nicht zur Entstehung gelangt ist;[91])

2. die Ausgleichungsansprüche können nicht fällig sein, wenn die Regreßforderung aus irgend einem Grunde, etwa wegen Stundung, nicht fällig ist;

3. die Ausgleichungsansprüche erlöschen ohne weiteres, wenn die Regreßforderung von dem Hauptschuldner selbst oder einem Dritten getilgt wird;[92])

4. die Ausgleichungsansprüche können nicht ohne den entsprechenden Regreßanspruch übertragen werden;

5. die Ausgleichungsansprüche gehen bei Übertragung des Regreßanspruchs im Zweifel auf den neuen Gläubiger mit über, und sie erlöschen, falls bei der Übertragung ihr Übergang ausgeschlossen worden sein sollte;

6. die ausgleichungspflichtigen Mitbürgen können allgemein dem Ausgleichungsanspruche alle diejenigen Einwendungen aus der Person des Regreßpflichtigen entgegensetzen, die ein Bürge nach § 768 ff. aus der Person des Hauptschuldners dem ursprünglichen Gläubiger entgegenhalten kann;

7. überhaupt finden die für die Bürgen gegebenen Vorschriften auf die Ausgleichungspflicht entsprechende Anwendung, soweit sich nicht aus der besonderen Natur des Ausgleichungsanspruchs ein anderes ergibt.

a) Die Ausgleichungspflichtigen sind eine Art Bürgen für den Regreßanspruch ihres zahlenden Genossen. Doch haben sie im Gegensatz zu den eigentlichen Bürgen ein dem römischen beneficium divisionis vergleichbares Recht. So will es § 774 II: 426. Der § 769 kann hier also nicht entsprechend angewendet werden: Die Mitbürgen haften nicht als Gesamtschuldner, sondern nur anteilig. Im übrigen aber haften sie nach Art eines Bürgen. Es findet daher unter anderen auch § 774 I entsprechende Anwendung, so daß der Regreßanspruch des zahlenden Bürgen auf den seinen Anteil leistenden Mitbürgen übergeht. Zahlt dieser weniger, als seinen Anteil, so geht das Regreßrecht natürlich nur in Höhe der Zahlung über. Soweit die Zahlung aber seinen Anteil übersteigt, erlangt er das Regreßrecht doch nur in Höhe seines Anteils.[93]) Das darf nicht Wunder nehmen. Denn der Fall liegt hier anders, als wenn einer von mehreren Bürgen

---

[91]) So entsteht z. B. keine Regreßforderung für den 2. Mitbürgen, der an den Gläubiger zahlt, obwohl ihn ein anderer Mitbürge bereits vorher bezahlt hatte.

[92]) Anders freilich, wenn der Ausgleichungspflichtige zahlt. Vgl. darüber weiter unten den Text.

[93]) A. M. Kremer a. a. O. S. 153 und 209. Seine Auffassung dürfte aber aus den im Text folgenden Gründen nicht zutreffend sein. Wäre Kremers Auffassung zutreffend, so würden sich erhebliche theoretische Schwierigkeiten ergeben. Denn wenn der mehr als seinen Anteil zahlende Mitbürge das Regreßrecht in voller Höhe erlangte, so müßte er im Zweifel auch in Höhe des den Anteil über-

an den Gläubiger einen seinen Kopfanteil übersteigenden Teilbetrag der Schuldsumme zahlt. Jener erwirbt Regreßrecht und Ausgleichungsanspruch in Höhe seiner Zahlung. Denn er haftet als Bürge gesamtschuldnerisch. Der Ausgleichungsberechtigte dagegen haftet nur in Höhe seines Kopfteiles, nur in dieser Höhe gilt er als Bürge und nur in dieser Höhe kann er also ein Regreßrecht erwerben. Zahlt er mehr, so gilt er in Höhe des Restbetrages als „Dritter". Ein zahlender Dritter aber erwirbt keineswegs schlechthin die Forderung des von ihm befriedigten fremden Gläubigers. Das Maximum des Regreßrechtes, das jeder Genosse erwerben kann, wird also durch den Betrag seines Anteils bestimmt.

b) Auch § 771 ff. über die Einrede der Vorausklage gelten hier entsprechend, so daß ein nicht als Selbstschuldner haftender Bürge den Ausgleichungsberechtigten nach § 772 II auch zunächst auf etwaige vom Hauptschuldner selbst gestellte Pfänder verweisen kann,[94]) die ja nach § 774 I : 412 : 401 auf ihn übergehen. Steht die Einrede der Vorausklage allen Mitbürgen zu, so ergibt sich hinsichlich der Pfänder keine Schwierigkeit. Ein jeder kann die Einrede erheben. Ist sie aber durch Vornahme des Pfandverkaufs seitens des zahlenden Bürgen erledigt, so ist dieser in Höhe des Erlöses (abzüglich der Unkosten) befriedigt, und der Ausgleichungsanspruch hat sich damit für alle Mitbürgen entsprechend gemindert.

Einfach ist die Rechtslage auch dann, wenn niemand die Einrede der Vorausklage hat. Dann kann niemand auf die Pfänder verweisen. Durch Zahlung seines Anteils aber erwirbt ein jeder zugleich das Pfandrecht zum entsprechenden Teile, und nach Vollzug der Ausgleichung sind sämtliche Mitbürgen in Ansehung der Pfänder gemeinschaftlich Berechtigte, nicht etwa Gesamtgläubiger.

Verwickelter liegt die Sache dann, wenn nur einzelne Mitbürgen die Einrede haben, andere dagegen nicht. Es wird hier darauf ankommen, ob die Berechtigten die Einrede geltend machen oder nicht. Im letzteren Falle ist die Rechtslage ebenso, als ob niemand die Einrede hätte. Im ersteren Falle dagegen wird der Ausgleichungsberechtigte gut tun, zunächst den Pfandverkauf zu betreiben. Tut er dies, so tritt die Ermäßigung der Anteile ohne weiteres auch zu gunsten der zur Geltendmachung der Einrede nicht berechtigten Mitbürgen ein. An diese kann er sich freilich schon während oder vor

---

steigenden Restes einen Ausgleichungsanspruch erwerben. Gegen wen unter etwa vorhandenen mehreren Mitbürgen sollte dieser sich richten? Etwa gegen alle? — dann wäre die Haftung ja eine gesamtschuldnerische, was nicht zutrifft.

[94]) Ähnlich Koban a. a. O. S. 152 für das Österreichische Recht, wo er ausführt, daß hinsichtlich der Art und Intensität der Ausgleichungspflicht einem Mitbürgen keinesfalls eine schwerere Verbindlichkeit auferlegt werden dürfe, als er ursprünglich freiwillig übernommen habe. Dies soll nach S. 175 auch für das heutige Deutsche bürgerliche Recht gelten. Das ist zutreffend.

Betreibung der Pfandvollstreckung halten. Zahlen sie, so werden sie zusammen, wie im obigen Falle, gemeinschaftlich Berechtigte und zwar hinsichtlich der Pfänder. Sobald diese aber verkauft sind, tritt eine gemeinschaftliche Berechtigung hinsichtlich des entsprechenden Teiles des Erlöses ein.[95])

§ 9.

Die Berechnung des Anteils der Ausgleichungspflichtigen.

I. Mitbürgen haben, wie mehrfach erwähnt wurde, im Zweifel einen gleichen Anteil (Kopfteil) zu tragen.

Diese Regel ist einfach und ihre Anwendung bietet keinerlei Schwierigkeiten, wenn — wie es praktisch die Regel sein dürfte — sämtliche Mitbürgen sich für die Schuldsumme in gleicher Höhe verbürgt haben, ohne daß der Anteil der einzelnen Bürgschaftsgenossen besonders festgesetzt worden ist. Hier ergibt sich der Anteil, indem man die Bürgschaftssumme durch die Zahl der Bürgen dividiert. So wenigstens im Regelfalle, der voraussetzt, daß die Befriedigung durch Zahlung und nicht etwa durch Hingabe an Erfüllungsstatt erfolgt.

In letzterem Falle würde nämlich der Wert und zwar der gemeine Wert des Erfüllungssurrogates maßgebend sein, es sei denn, daß dieser Wert den Betrag der Bürgschaftssumme überstiege. So wird man entscheiden müssen. Denn einerseits ist die Ausgleichungspflicht nicht dazu da, dem zahlenden Bürgen als Mittel zu seiner Bereicherung auf Kosten der Mitbürgen zu dienen — daher ist der gemeine Wert des Erfüllungssurrogates maßgebend, falls er geringer ist als die Bürgschaftssumme. Andererseits können die Mitbürgen durch Hingabe eines wertvolleren Surrogates seitens ihres erfüllenden Genossen nicht mehr belastet werden, als sie durch wahre Erfüllung belastet worden wären — daher ist im anderen Falle die Bürgschaftssumme maßgebend. Wenn demnach A., B., C. und D. sich für 1200 M verbürgt haben, so beträgt der Kopfteil eines jeden regelmäßig $\frac{1200}{4} = 300$ M. Nur dann, wenn A. den Gläubiger mit einem gemeinhin auf 1000 M zu bewertenden Gegenstande befriedigt hätte, würde der Anteil der Einzelnen je $\frac{1000}{4} = 250$ M betragen.

II. Schwieriger gestaltet sich die Berechnung dann, wenn die Bürgschaftssumme für die einzelnen Mitbürgen von verschiedener Höhe ist. Alsdann ist es der zweckmäßigste — und möglicherweise allein

95) D. h. sie sind in Ansehung des ganzen Erlöses gemeinsam berechtigt. Der Bürge darf den Erlös nur an alle zusammen oder einen von ihnen allen Autorisierten für alle abführen. Sie haben dann die Teilung des Erlöses selbst vorzunehmen. Ein jeder hat Anspruch auf einen seinem Anteil an der Ausgleichungslast entsprechenden Teil des Erlöses.

gangbare — Weg, mit der Berechnung des Kopfteiles des mit der geringsten Summe beteiligten Bürgen zu beginnen, und den Kopfteil der übrigen Genossen jeweils von der Summe zu berechnen, die nach Abzug der bereits festgestellten Kopfteile verbleibt. Zur Erläuterung möge das bereits oben im § 2 angeführte Beispiel herangezogen werden, nach welchem A., B., C. und D. für die 1200 M betragende Forderung des X. Bürgschaft übernommen haben, und zwar A. schlechthin, B. in Höhe von 700, C. von 600 und D. in Höhe von 200 M.

Der in geringster Höhe Beteiligte ist D. Er hat noch 3 Mitbürgen, sodaß in Höhe von 200 M 4 Bürgen vorhanden sind. Der Kopfteil des D. beträgt mithin $\frac{200}{4} = 50$ M.

C. hat in Höhe von 600 M gebürgt und hat in dieser Höhe noch 2 Mitbürgen, A. und B. Aber auch D. ist, wenn auch nur teilweise sein Mitbürge. Das ist in der Weise zu berücksichtigen, daß zunächst die Bürgschaftssumme des C. um den Kopfteil des D. gekürzt wird. Der Anteil des C. beträgt also:

$$\frac{600 - 50}{3} = \frac{550}{3} = 183\ {}^1/_3 \text{ M.}$$

In ähnlicher Weise ist der Kopfteil des B. zu berechenen, der in Höhe von 700 M gebürgt, und in dieser Höhe nur den A. als Mitbürgen hat, während C. und D. nur teilweise seine Mitbürgen sind. Sein Kopfanteil beträgt:

$$\frac{700 - (183\,{}^1/_3 + 50)}{2} = \frac{700 - 233\,{}^1/_3}{2} = \frac{466\,{}^2/_3}{2} = 233\ {}^1/_3 \text{ M.}$$

Der Kopfanteil des A. ergibt sich nun durch einfache Subtraktion. Er beträgt:

$$1200 - (233\,{}^1/_3 + 183\,{}^1/_3 + 50) = 1200 - 466\,{}^2/_3 = 733\,{}^1/_3 \text{ M.}$$

Die verhältnismäßige Größe des Kopfteils des A. darf nicht anffällig erscheinen. Sie erklärt sich daraus, daß A. in Höhe von 500 M Alleinbürge ist und diesen Betrag ohnehin zu allein tragen hat. Streng genommen müßte daher dieser Betrag von dem „Kopfteil" ausgenommen werden und man müßte etwa sagen:

Der „Anteil" des A. beträgt $1200 - 466\,{}^2/_3 = 733\,{}^1/_3$, der „Kopfteil" dagegen $700 - 466\,{}^2/_3$, also, gerade wie der des B., $233\,{}^1/_3$ M.

Wären die Bürgen C. und D. nicht vorhanden, so hätte A. gegen B. einen Anspruch auf 350 M, während er jetzt nur $233\,{}^1/_3$ M von ihm zu fordern hat. Das darf nicht den Eindruck erwecken, als sei A. infolge des Hinzutritts von C. und D. schlechter gestellt. Das ist nicht der Fall, da er jetzt von B., C. und D. zusammen $466\,{}^2/_3$ M erhält, während er beim Wegfall von C. und D. nur 350 M erhalten würde. Bei der hier vorgeschlagenen Berechnung bleibt das Verhältnis der Kopfteile stets dem Verhältnisse der Bürgschaftsbeträge der Beteiligten entsprechend, sodaß sie wohl als zutreffend angesprochen werden dürfte.

Von Interesse ist ein Gesichtspunkt, auf den durch den oben (in Anm. 29 S. 12) bereits zitierten Aufsatz von Schneider aufmerksam geworden bin: Wenn nämlich, wie hier, der Fall einer teilweisen Mitbürgschaft vorliegt, und der am meisten belastete Bürge, hier also A., zahlt nur einen Teilbetrag seiner Bürgschaftsschuld, so ist dieser Betrag zunächst auf den Teilbetrag der Bürgschaftssumme zu verrechnen, für den er Alleinbürge ist und demnächst auf diejenigen Beträge, hinsichtlich deren er die geringste Zahl der Mitbürgen hat und so fortschreitend. So wird man unbedingt annehmen müssen. Denn, wie Schneider zutreffend sagt, liefen bei gegenteiliger Annahme die Mitbürgen Gefahr, mehr als den Höchstbetrag ihrer Bürgschaftssummen leisten zu müssen, indem sie ja nach wie vor noch vom Gläubiger in ganzer Höhe ihrer Bürgschaft in Anspruch genommen werden könnten.

Einen Ausgleichnngsanspruch kann also in obigen Beispiel A. erst dann haben, wenn er mehr als 300 M gezahlt hat. Würde er also 400 M zahlen, so wäre ihm B. in Höhe von 50 und wenn er 500 M gezahlt hätte, so wären ihm C. und B., ersterer mit 33,34 M, letzterer mit 88,33 M ausgleichungspflichtig.

Und wie ist dies zu erklären? Man wird vielleicht sagen können, A. handle, wenn er nur 300 M gezahlt habe und doch Ausgleich begehre, dolos, weil er von einem Genossen etwas fordere, was er unter Umständen, nämlich dann, wenn der Gläubiger diesen Genossen auf dessen ganze Bürgschaftssumme belange, zurückerstatten müsse.

III. Jede Schwierigkeit in der Berechnung entfällt wieder, wenn die Mitbürgen unter einander eine besondere Vereinbarung über die Höhe des von jedem zu tragenden Anteiles getroffen haben, etwa dahin, daß A. $^1/_2$, B. $^1/_4$, C. und D. je $^1/_8$ der ganzen Bürgschaftssumme von 1200 M tragen solle. Dann hätten offenbar A.: 600, B.: 300, C. und D. je 150 M zu tragen.

Würde in diesem Falle von B. nichts zu erlangen sein, so würden A., C. und D. den Ausfall zu tragen haben und zwar nach Verhältnis ihrer Anteile, also im Verhältnisse von 4 : 1 : 1, sodaß

A.: 600 + 200 = 800 M
C.: 150 + 50 = 200 M
D.: 150 + 50 = 200 M

zu tragen habe würden. In ähnlicher Weise würden A., B. und C. im Falle der Zahlungsunfähigkeit des D. die ausfallenden 150 M im Verhältnisse von 4 : 2 : 1 zu tragen haben. Demnach würde

A.: 600 + 85,71 = 685,71 M
B.: 300 + 42,86 = 342,86 M
C.: 150 + 21,43 = 171,43 M

zu tragen haben.

Kapitel 2.
Der Ausgleichungsanspruch in seiner Weiterentwickelung.

§ 10.
Die Verjährung des Ausgleichungsanspruchs.

I. Es hat sich bereits oben ergeben, daß der Mitbürge gegen den Ausgleichungsanspruch aus der Person des Regreßschuldners dieselben Einwendungen erheben kann, wie ein Bürge aus der Person des Hauptschuldners. Er kann dagegen also auch die Einwendung erheben, daß der Regreßanspruch des Bürgen verjährt sei. Das folgt aus der akzessorischen Natur der Ausgleichungsansprüche, die ja, wie die Bürgschaftsforderungen von der Hauptschuld, so ihrerseits von dem Regreßrecht des zahlenden Bürgen abhängig sind. Und diese ihre Abhängigkeit ergibt, daß sie einer besonderen, selbständigen Verjährung im Regelfalle nicht unterliegen. Sie teilen vielmehr auch in dieser Hinsicht das Schicksal des Regreßanspruchs und verjähren zugleich mit diesem. Dies ist dahin zu verstehen, daß die Verjährung des Regresses auch gegen den Ausgleichungsanspruch einredeweise geltend gemacht werden kann.[96])

Doch gilt dieses, wie gesagt, nur für den Regelfall. Ausnahmsweise kann auch für den Ausgleichungsanspruch eine besondere Verjährung bestehen. Dies erhellt schon daraus, daß er vor dem Regreßanspruche verjähren kann, eine Möglichkeit, die sich nicht in Abrede stellen läßt. Denn aus der begrifflichen Abhängigkeit des Ausgleichungsanspruchs von dem Regreßanspruche folgt zwar, daß der erstere das Schicksal des letzteren teilt, nicht aber auch, daß dieser das Schicksal jenes teilt. So würde es sein, wenn sich beide Ansprüche gegenseitig bedingten, wenn sie gegenseitig abhängig, also beide unselbständig wären. Da aber die Abhängigkeit nur eine einseitige, da nur der Ausgleichungsanspruch unselbständig ist, so ist zwar sein Fortbestand über das

---

[96]) Die korrekte Formulierung bereitet gewisse Schwierigkeiten. Es ist, wie bereits oben S. 6 Anm. 10 für ein ähnliches Verhältnis hervorgehoben wurde, nicht korrekt, zu sagen, der eine Anspruch verjähre zusammen mit dem andern. Zwar steht bei Eintritt der Verjährung des Regreßrechts die Verjährungseinrede auch dem Ausgleichpflichtigen zu. Aber die Einrede geht nicht dahin, daß der Ausgleichungs- sondern dahin, daß der Regreß-Anspruch verjährt sei. Sie ist also eine Einwendung aus der „Person des Hauptschuldners“. Doch rechtfertigt die Kürze immerhin jenen Ausdruck.

Zu beachten ist, daß auch hier die Möglichkeit besteht, daß die Parteien ein anderes gewollt haben, so z. B., wenn der Ausgleichungspflichtige auf diesen Verjährungseinwand verzichtet hat, was zulässig ist. Vgl. darüber für das ähnliche Verhältnis des Bürgen zum Hauptschuldner oben S. 6. Vgl. dagegen auch Anm. 97.

Ende des Regreßrechts hinaus unmöglich,[97]) seinem vorzeitigen Erlöschen aber steht nichts im Wege.

Doch dieser rechtlich durchaus mögliche Fall einer vorzeitigen Verjährung des Ausgleichungsanspruches dürfte praktisch nur selten sein. Denn die Verjährungsfrist beträgt für beide Ansprüche 30 Jahre, sie beginnt für beide im Momente der Zahlung des Bürgen und die Hemmungs- wie Unterbrechungsgründe sind für beide Ansprüche die gleichen. Die hier gedachte Möglichkeit dürfte sich daher im wensentlichen auf den Fall beschränken, daß die Verjährungsfrist beim Regreßanspruch häufiger unterbrochen oder länger gehemmt war, als beim Ausgleichungsanspruch, oder daß die für letztere geltende Verjährungsfrist vertragsmäßig abgekürzt würde. Häufig werden derartige Fälle gewiß nicht sein.

II. Begründet hiernach die Regreßverjährung zugleich gegen den Ausgleichungsanspruch den Verjährungseinwand, so steht nicht außer Zweifel, ob der Einwand schon dann begründet ist, wenn der Subrogationsanspruch des Bürgen verjährt ist, oder erst dann, nachdem beide Regreßgrundlagen durch Verjährung erloschen sind.

Man könnte geneigt sein, sich für die erste Alternative zu entscheiden, da ja lediglich die Subrogation des Bürgen in die Forderung des Gläubigers die Akzessorietät der Ausgleichungsansprüche zu erklären vermag. Allein zutreffend wäre das nicht. Praktische Vernunft und ratio legis erführen bei solcher Entscheidung in gleicher Weise Mißachtung. Denn sie würde dazu führen, daß der vom Gläubiger in letzter Stunde vor Eintritt der Verjährung auf Zahlung in Anspruch genommene Bürge wirtschaftlich den Schaden allein zu tragen hätte, weil es ihm leicht an der nötigen Zeit fehlen würde, eine Verjährung seiner Ansprüche durch Herbeiführung einer Unterbrechung der Frist zu verhindern. Ein solches Ergebnis will das Gesetz aber offenbar verhüten. Teilung der wirtschaftlichen Last ist das den § 774 II: 426 unverkennbar zu grunde liegende Prinzip. Diese Erkenntnis nötigt von selbst zu der gegenteiligen Annahme und erzwingt förmlich eine Entscheidung im Sinne der 2. Alternative.

Und diese Entscheidung ist richtig, schon deshalb, weil sie allein der ratio legis gerecht wird. Praktische Zweifel liegen also fern. Doch auch theoretische Bedenken bestehen nicht:

Es ist freilich richtig, daß beide Regreßgrundlagen für sich selb-

[97]) Es ist aber zu beachten, daß ein Fortbestand als Naturalobligation dann genügt, wenn der Ausgleichungspflichtige auf die Erhebung dieser Verjährungseinrede verzichtet hat. In diesem Falle ist es auch ausnahmsweise denkbar, daß der Ausgleichungsanspruch erst nach dem Regreßanspruche verjährt, und ist auch insofern eine selbständige Verjährung des Ausgleichungsanspruchs denkbar. Auf die Geltendmachung dieser selbständigen Verjährungseinrede kann natürlich nicht von vornherein verzichtet werden. Das verbietet § 225. Wohl aber kann auf die Geltendmachung der Verjährung des Regresses von vornherein verzichtet werden. Beide Fälle liegen ganz verschieden. Vgl. S. 6.

ständig sind, und daß sich ohne die Subrogation des § 774 I S. 1 die akzessorische Natur der Ausgleichungsansprüche nicht erklären ließe. Aber die Selbständigkeit ist, soweit die aus den beiden Regreßgrundlagen resultierenden Ansprüche sich decken, lediglich formeller Natur. Beide Ansprüche stehen in einem Konkurrenzverhältnisse, was die Wirkung hat, daß die Tilgung des einen Anspruchs zugleich den andern mit beseitigt, soweit er sich mit jenem deckt. Und was will es denn in Anbetracht dieser Tatsache noch besagen, wenn die Verschiedenheit und Selbständigkeit der beiden Regreßansprüche hervorgehoben wird? Praktische Wirkung hat ihre Verschiedenheit doch lediglich insoweit, als der Umfang des einen Anspruchs den des andern übersteigt, oder insoweit, als die eine Regreßgrundlage andere Nebenansprüche hervorbringt, als die andere. Und vergleicht man dazu den § 774 I S. 3, wonach die gegen den einen Anspruch begründeten Einwendungen auch gegen den andern erhoben werden können, so erscheint es kaum noch kühn, wenn man sagt, die beiden an sich selbständigen Regreßgrundlagen seien gewissermaßen „vereinheitlicht." Es ist daher wohl verständlich, daß die durch den einen Anspruch bedingte Akzessorität sich auch dem andern sozusagen mitteilt, sodaß die Verjährungseinrede erst dann gegen den Ausgleichungsanspruch geltend gemacht werden kann, wenn beide Regreßklagen verjährt sind.

§ 11.

Die Zwangsvollstreckung wegen eines Ausgleichungsanspruches.

Der Anspruch auf Ausgleichung ist eine Forderung für die der Mitbürge persönlich haftet. Wer aber für eine Schuld „persönlich" haftet, muß regelmäßig mit seinem ganzen Vermögen für sie einstehen. Doch gibt es auch eine beschränkte persönliche Haftung, als deren wichtigster Fall die Haftung des Erben für die Nachlaßschulden erscheint.

Regelmäßig haftet auch der Mitbürge seinem zahlenden Genossen mit seinem ganzen der Zwangsvollstreckung überhaupt zugänglichen Vermögen. Das Zugriffsrecht des zahlenden Bürgen könnte aber vertragsmäßig auf einen Teil des bezeichneten Vermögens beschränkt werden. Die Wirksamkeit solcher Vertragsabrede kann nicht füglich bezweifelt werden. Sie ist zu treffen zwischen Gläubiger und Schuldner, also zwischen dem Ausgleichungsberechtigten und dem zum Ausgleich Verpflichteten. Dieser kann aber auch noch auf einem anderen Wege zu solcher Beschränkung gelangen, aber, wie mir scheint, auch nur auf einem anderen Wege. Und dieser wäre: Die Abrede des Ausgleichspflichtigen mit dem ursprünglichen Gläubiger dahin, daß er diesem nur beschränkt haften solle. Allein dies ist nur cum grano salis zu verstehen. Denn nicht jede derartige Abrede zwischen den Genannten ist für das Verhältnis des Bürgen zum Mitbürgen ohne weiteres wirksam. Es kommt vielmehr auf die Umstände, insbesondere auf den Zeitpunkt der Vereinbarung an.

Wurde die Vereinbarung gleich bei Übernahme der Bürgschaft getroffen, oder ist sie aus sonstigen Gründen ein Teil des Bürgschaftsvertrages, so haftete der Mitbürge von vorn herein aus der Bürgschaft nur beschränkt. In diesem Falle gilt die Beschränkung auch für die Ausgleichungshaftung, da die Haftung eines Mitbürgen gegenüber einem Genossen nicht schärfer sein kann, als sie von anfang an dem Gläubiger gegenüber bestanden hat.

Wurde die Vereinbarung dagegen erst nachträglich d. h. nach Abschluß des Bürgschaftsvertrags mit dem einzelnen Mitbürgen getroffen, oder ist sie aus sonstigen Gründen nicht als Teil des Bürgschaftsvertrages anzusehen, so wirkt sie lediglich zwischen den Parteien (Gläubiger und Mitbürge) und kann dem zahlenden Bürgen nicht entgegengesetzt werden, da sie für ihn eine res inter alios acta ist.

Der praktisch so bedeutsame Unterschied wird durch einen Hinweis auf eine bürgenrechtliche Eigentümlichkeit unschwer seine theoretische Erklärung und Begründung finden:

Der Gläubiger kann einen Bürgen jederzeit entlassen. Er befreit ihn dadurch von seinen obligatorischen Pflichten ihm — dem Gläubiger — gegenüber. Damit ist der Bürge vollends befreit, sofern die Entlassung erfolgt, bevor ein Mitbürge für die gleiche Schuld eintrat. Erfolgt sie aber nachher, so befreit ihn die Entlassung nur vom Gläubiger, nicht auch von dem Mitbürgen, mit dem ihn ja ex lege ein obligatorisches Band verbindet, das ihn diesem zum Ausgleich verpflichtet. Dieser Umstand rechtfertigt die oben getroffene Unterscheidung. Denn einerseits ist der Rechtsgrund der Ausgleichungsansprüche gelegt, sobald ein weiterer Bürge die Bürgschaft rechtsgiltig übernommen hat. Andererseits bedeutet eine nach diesem Zeitpunkte erfolgende Abrede des angegebenen Inhalts eine Beschränkung der ursprünglich unbeschränkten Haftung, d. h. eine teilweise Befreiung des Bürgen. Wie aber die gänzliche Befreiung des Bürgen ihn nicht seiner Ausgleichungspflicht enthebt, so vermag auch die nachträgliche Haftungsbeschränkung gegenüber dem Gläubiger keine Wirkung auszuüben gegenüber dem den Ausgleichungsanspruch erhebenden Bürgen. Dabei ist unschwer ersichtlich, daß jene Abrede unter Umständen gegenüber dem einen Mitbürgen versagen, gegen den andern aber durchgreifen kann. Wenn sich z. B. A, B und C für dieselbe Schuld verbürgen, und zwar A. am 1. Dezember, B. am 10. und C erst am 20. Dezember und der Gläubiger vereinbart mit dem A am 15. Dezember eine solche Haftungsbeschränkung, so ist diese Beschränkung zwar gegenüber dem C, dessen Recht damals seinem Grunde nach noch nicht entstanden war, wirksam, nicht aber gegen B, da der Rechtsgrund für dessen Ausgleichungsanspruch bereits am 10. Dezember gelegt war.

§ 12.

Die Zwangsvollstreckung in einen Ausgleichungsanspruch.

Wenn die Zwangsvollstreckung in einem Ausgleichungsanspruch stattfinden soll, so erscheint der Ausgleichungsberechtigte nicht als Gläubiger, sondern als Schuldner und zwar als Vollstreckungsschuldner d. h. als Person gegen die eine Zwangsvollstreckung betrieben wird. Wenn z. B. der Bürge A, der den B als einzigen Mitbürgen besitzt, den X mit vollen 1200 M befriedigt hat und ein Dritter, C, eine vollstreckbare Geldforderung gegen A besitzt und dafür Befriedigung aus dessen Ausgleichungsforderung gegen B suchen will, so ist der einzuschlagende Weg als solcher durchaus klar und feststehend: C. muß den Anspruch pfänden und sich überweisen lassen. Fraglich erscheint aber, ob das auf direktem Wege möglich ist, d. h., ob der Ausgleichungsanspruch als solcher und für sich allein überhaupt gepfändet werden kann. Es ergeben sich Bedenken dagegen bei der Erwägung, daß der Ausgleichungsanspruch unselbständiger Natur ist, und diese Bedenken kondensieren sich zu einem die Pfändbarkeit ablehnenden Grunde, wenn man dazu den § 851 der CPO. vergleicht, wonach eine Forderung im Zweifel der Pfändung nur in so weit unterworfen ist, als sie übertragbar ist. Das will nicht nur besagen: In Ermangelung anderweitiger Vorschriften ist eine Forderung nur dann pfändbar, wenn sie übertragbar ist, sondern auch — was hier die Hauptsache ist — sie ist nur in der Form pfändbar, in der sie übertragbar ist.

Wie nun die Bürgschaftsforderung nicht ohne die Hauptforderung, so kann auch der Ausgleichungsanspruch nicht ohne den Regreßanspruch übertragen werden. Daher ist auch die selbständige Pfändbarkeit des Ausgleichungsanspruchs ausgeschlossen, er kann vielmehr nur mit und durch den Regreßanspruch gepfändet werden, und ist ohne weiteres durch die Pfändung dieses Anspruchs mit gepfändet, sofern er nicht etwa ausdrücklich davon ausgenommen worden sein sollte. C muß also den Regreßanspruch des A pfänden und sich zur Einziehung überweisen lassen und wird dadurch ohne weiteres in die Lage gesetzt, in Höhe des überwiesenen Betrages auch den B in Anspruch nehmen zu können.

Dieses Ergebnis unterliegt auch weder theoretischen, noch praktischen Bedenken. Denn, wenn der zahlende Bürge sein Regreßrecht an einen beliebigen Dritten cedieren würde, so würde dieser in Ermangelung gegenteiliger Vereinbarung nach § 401 ohne weiteres auch den Ausgleichungsanspruch erwerben. Nun ersetzt aber der gerichtliche Überweisungsbeschluß in Verbindung mit dem Pfändungsbeschluß die Abtretungserklärung des zahlenden Bürgen. Beide Beschlüsse zusammen haben dieselbe Wirkung, die sonst der Cessionsvertrag haben würde. Daher rechtfertigt sich die obige Entscheidung. Der C wird Gläubiger des B, ohne besondere Pfändung des Ausgleichungsanspruchs lediglich durch die Pfändung und Überweisung des Regresses des A gegen X, ohne daß es auch nur der Zustellung jener Beschlüsse an B bedürfte.

Doch, was nicht notwendig ist, kann nützlich sein. So empfiehlt sich auch hier eine Zustellung der Beschlüsse an B. Denn nur dadurch kann C sich dagegen schützen, daß seine gegen B gerichteten Ansprüche vereitelt werden. Unterläßt er die Zustellung an B, so schafft er sich selbst die Gefahr, daß B sich durch eine im guten Glauben an A erfolgende Zahlung befreit, und führt unter Umständen zugleich eine Gefahr für den ausgleichungspflichtigen B herbei. Denn dieser erwirbt ja an sich in Höhe seiner Zahlung das Regreßrecht des A gegen X. Da dieses nun aber zugunsten des C gepfändet und ihm überwiesen ist, so ist ein Konflikt gegeben, falls das Regreßrecht in voller Höhe gepfändet ist, oder falls doch der frei gebliebene Betrag den Betrag des Anteils des B nicht erreicht. Kann B hier überhaupt eine Regreßforderung noch erwerben, wenn sie dem C bereits völlig überwiesen ist?

Schwerlich kann man umhin, zugunsten des C zu entscheiden. Zwar wird immer nur die „angebliche" Forderung des Schuldners gepfändet. Allein A hatte zur Zeit der Pfändung in der Tat eine Forderung gegen X und diese ist durch die Überweisung auf C übergegangen. Stand sie hiernach, als B an A zahlte, diesem gar nicht mehr zu, so kann sie nicht auf B übergegangen sein. B hat also in diesem Falle ausnahmsweise kein Regreßrecht erworben. Das kann für ihn unter Umständen eine Schädigung bedeuten, auf deren Ersatz ihm A, der die Zahlung mit Unrecht noch angenommen hat, haftbar ist.

Auch praktische Bedenken stehen der hier getroffenen Entscheidung nicht entgegen. Denn bei der gegenteiligen Annahme, daß nämlich der Ausgleichungsanspruch selbständig pfändbar sei, wäre das Recht des Vollstreckungsgläubigers C in ungebührlicher Weise gefährdet, da ja diese Pfändung eine Tilgung der Regreßforderung seitens des Hauptschuldners X oder auch eines beliebigen Dritten nicht verhindern könnte. Durch eine solche Tilgung würde aber das Recht des C zu nichte gemacht werden können. Denn die gepfändete Ausgleichungsforderung würde ja dadurch eo ipso mit erlöschen, sodaß der Gläubiger C bei Billigung dieser Auffassung weit schlechter gestellt wäre.

Druck von Gottfr. Pätz, Naumburg a. S.

FSC
www.fsc.org
MIX
Papier | Fördert gute Waldnutzung
FSC® C083411

Kolibri 360 GmbH
Ferdinand-Jühlke-Straße 7
99095 Erfurt, Deutschland
produktsicherheit@kolibri360.de